Neuci Silva

Salmos Nossos de Cada Dia

Neuci Silva

Salmos Nossos de Cada Dia

Caminhada de Fé

CREDO EDICIONES

Imprint

Cover image: www.ingimage.com

Publisher:
CREDO EDICIONES
ist ein Imprint der / is a trademark of
International Book Market Service Ltd., member of OmniScriptum Publishing Group
17 Meldrum Street, Beau Bassin 71504, Mauritius
Printed at: see last page
ISBN: 978-613-2-55909-8

DEDICATÓRIA:

Expresso a minha profunda gratidão e louvor ao Deus Pai, Filho e Espirito Santo. Toda a honra e Glória sejam dadas a Deus;

À você Elaine, pequena grande mulher, companheira e esposa, que comigo caminha há 37 anos, a minha gratidão, admiração, respeito e amor, por quem você é em minha vida e na nossa família.

A todos aqueles que vêm vivendo tempos muito difíceis e que não têm vergonha de dizer que está doendo;

Também ao povo no mundo e de modo especial aqui do Brasil, que estão enfrentando um gigante imenso chamado COVID 19. Creiam que Deus continua Soberano e apesar de todo este caos, Ele tem o controle!

A todos aqueles que estão sofrendo com perdas de saúde, parentes e negócios. Que os Nossos Salmos de cada dia, encorajem e confortem todos os corações.

Acima de tudo, a Deus toda a Glória e a gratidão por deixar para nós a Bíblia, para que dela tenhamos o alimento diário para a nossa peregrinação espiritual.

Outubro de 2020

UMA PALAVRA INICIAL

O livro dos Salmos possivelmente, seja o livro da Bíblia mais lido no mundo. Tantos pelos que têm uma religião, como pelos que não têm. Há muitos curiosos que se deleitam em pesquisar e sem falar que em muitos órgãos públicos ou privados, é encontrada uma Bíblia aberta, em algum Salmos.

Para os contemporâneos dos escritores era o cancioneiro, onde registravam suas experiências de alegria e tristeza, de vitória e derrota, de felicidade ou de dor na alma. Estes textos eram contados pelos pais aos filhos em casa, cantados nas romarias longas até o local de adoração, sempre contando a história de Deus com Seu Povo.

O livro dos Salmos é até hoje a história de Deus com Seu Povo. Ao ler cada um, nos vemos como se a personagem fosse nós mesmos, com nossos sentimentos sendo exteriorizados, de maneira muito individual.

Este livro surgiu de um propósito de ler e refletir sobre o livro dos Salmos durante o ano de 2.019, dia a dia. Iniciei no dia 1° de janeiro e caminharei até o fim. Quando você tiver acesso ao livro pode ser que esteja na metade do ano. Não importa: você poderá iniciar quando quiser e sempre com a curiosidade do que vem no próximo.

Por isso tenho me debruçado cada dia lendo, relendo, mastigando cada palavra e tentando entrar dentro do texto para experimentar o que cada escritor sentia. E é claro, perguntando ao meu coração o que este texto Divino quer falar ao meu coração e me impulsionar a uma decisão.

Convido você com toda a humildade a desvendar OS NOSSOS SALMOS DE CADA DIA com muita sensibilidade. Não é um comentário: é a leitura e reflexão formando assim uma teologia diária do Deus que fala com o Seu Povo. Procurei dar um tema que estivesse bem ligado ao texto e também pela nossa demanda diária. Além disso, estabeleço sempre um propósito, que pode ser uma frase para reflexão ou uma tarefa. Temos que ser desafiados pela Palavra de Deus.

Dividi o livro dos Salmos em dois volumes, sendo este do Salmos 1 ao 90 e o segundo, do 91 ao 150.

Espero, dentro de minhas limitações, que você se delicie com a experiência de gente que viveu há mais de 2.700 anos atrás, mas que ressoa em você e em mim, nos nossos dias.

Com muito carinho, respeito e encorajamento, convido você a trilhar esta jornada.

PR. NEUCI

SALMOS 1

O SEGREDO DO SUCESSO

Todos temos muitas expectativas e perspectivas; mas a quantidade de perspectivas não é proporcional; a última é menor pois não sabemos absolutamente nada do que enfrentaremos. Mas eu desejo, bem como você, que seja um ano diferenciado; buscamos ser bem sucedidos em tudo na nossa vida e isso é legítimo. Encontramos na Bíblia este caminho, através de uma expressão em nossa língua: bem aventurado. Muitos definem como feliz, mas creio ser muito raso, pois felicidade é circunstancial! Por isso entendo que uma boa definição seria "Bem sucedido", ter sucesso, apesar deste último termo também ter um entendimento dúbio. Mas vamos trabalhar com o conceito de ser bem sucedido, aprovado. E para tanto no Salmo 1, temos uma exposição de uma pessoa bem sucedida e outra mal sucedida. E entendo que o segredo está no versículo 2: "ANTES O SEU PRAZER ESTÁ NA LEI DO SENHOR E NA SUA LEI MEDITA DE DIA E DE NOITE ". PRAZER expressa a ideia de ter um valor prioritário, inestimável, relevante e decisivo. A Palavra de Deus deve ser a Primeira e Única em nossa vida, escolhas e decisões. Por entendermos que Deus é Bom, Misericordioso e quer o nosso bem, submetermo-nos à Sua vontade deve gerar em nós prazer e alegria. Quando avançamos nesta linha, a Palavra que vem da boca de Deus é o Próprio Jesus, pois no Evangelho de João, Ele é chamado de o Verbo, e o termo utilizado é PALAVRA. Portanto o nosso prazer tem que ser e estar em Jesus e aprendemos no Evangelho, como Ele agiu e deseja que Seus seguidores vivam, de dia e de noite. A minha oração é que eu tenha a cada dia o desejo mais intenso de compreender, assimilar e viver como Jesus viveu. Que os Seus ensinos sejam dia a dia conhecidos, entendidos e vivenciados para que eu possa ser bem sucedido. Um detalhe: ser bem sucedido não quer dizer que tudo sempre vai dar certo, que estaremos sempre em alta; não foi assim a vida do Nosso Senhor! Mas o que estava em jogo na vida de Jesus e também na vida de Seus seguidores, era fazer a vontade do Pai; é esse o nosso desejo e prazer. Convido você a que juntos sejamos bem sucedidos e experimentemos toda a descrição do Salmo 1, do começo, meio e fim. Vamos juntos?

PROPÓSITO:

Buscar conhecer mais a Jesus e seguir os Seus passos.

SALMOS 2

AFINAL, ONDE ESTÁ A NOSSA SEGURANÇA?

Gostaria que você lesse o Salmo 2. Eu creio que este texto tem muito a ver com o momento que estamos vivendo em nosso país. O salmista alerta para que a confiança do povo não esteja nos governantes e nem que achem que eles são os detentores do bem e do mal. Há um convite para que olhemos e confiemos somente no Rei das Nações. Não é diferente a nossa situação; o novo governo pode ter todas as melhores intenções, o melhor projeto, mas não passam de homens sujeitos a limitações e falhas. Destaco o último verso: BEM AVENTURADOS TODOS OS QUE EM DEUS SE REFUGIAM.

A minha oração é para que Deus abençoe o nosso governo, para que exerçam da melhor maneira as suas funções; mas a minha confiança mesmo, está em Deus que é o Soberano Deus, que governa, que é invencível e que tem todos em Suas poderosas mãos. Convido você a que ore pelos governantes, mas que sua confiança esteja depositada unicamente em Deus. Homens nos frustram, não correspondem as nossas expectativas; mas Deus tem um amor e cuidado singular sobre o Seu povo. Que vivamos cada dia deste novo ano assim, orando pelo governo, confiando em Deus.

PROPÓSITO:

Ter o nosso foco unicamente em Deus e crer que a Sua Vontade é boa, agradável e perfeita.

SALMOS 3

QUANDO AS ADVERSIDADES BATEM À NOSSA PORTA

Leia o Salmos 3 com muita atenção e carinho. Neste texto observamos que o autor enfrentava muitos inimigos, tensões externas e internas. Mas o antídoto dele era: **1**. Falar com Deus, pois ele tinha esse acesso livre; **2**. Ele tinha a certeza de que DEUS o ouvia; **3**. Ele cria de todo o coração que a vida dele estava nas mãos de Deus; **4**. Ele sabia que Deus agiria em seu favor. Todos nós temos uma certeza: haveremos de enfrentar muitas adversidades, medos e temores, quer externos, quer internos; mas que privilégio como seguidores de JESUS de levarmos a Ele cada uma dessas questões e experimentarmos a Sua ação decisiva, a ponto de deitarmos e dormirmos em paz. A minha oração neste dia e em cada dia da minha existência é que, diante de qualquer que seja o gigante que surgir na minha jornada, eu não tenha medo, mas confie em Deus de todo o meu coração e que experimente o Poder e a Ação do Senhor dos Exércitos. Não sei se você vem trazendo gigantes do passado ou se surgiram novos que estão te expondo à vulnerabilidade. Mas à semelhança do salmista, fale com Deus, confie Nele e deixe-O agir em seu favor.

PROPÓSITO:

Diante dos ventos contrários, ter um coração pacificado em Deus.

SALMOS 4

A BATALHA NOSSA DE CADA DIA

Gostaria que você lesse hoje o Salmo 4. É interessante demais como a Bíblia é atual e é óbvio que isso não é novidade para o seguidor de Jesus. Aprendemos muito com ela, e de modo muito específico nos Salmos, que a vida é uma batalha constante. Não vivemos em um parque de diversões; relembramos sempre as palavras de Jesus que nos disse: "no mundo passais por aflições, mas tenham bom ânimo; Eu venci o mundo ". Outro fator importante que não podemos ignorar é que as lutas, ora são por causa do sistema que contraria os nossos princípios de fé, ora são também por atitudes nossas que não são coerentes com o que cremos, ou seja, fruto de nossa desobediência. No caso do salmista, ele era um guerreiro; vivia em constantes lutas externas e internas, e esperava e confiava em Deus, na Sua Justiça, Seu livramento. Mas ele utilizava duas armas poderosas: **1**. A oração: ele investia tempo e tinha certeza que Deus o ouvia; **2**. Temor a Deus: ele tinha acessos de ira, raiva, mas eram instantes; não permitindo que isso descesse ao coração resultando em ódio, pois isto não agradava a Deus. Pois bem, temos muitas lições para aprendermos hoje não é mesmo? Como clamamos por justiça e como esperamos por ela! Como é difícil ver a impiedade prosperar, e como estes sentimentos roubam a nossa paz, alegria e sono. Só que o combatente salmista não permitia que isso ocorresse, pois confiava no Justo Juiz e com Ele travava intimidade. A minha oração neste dia é que eu invista mais tempo em ter pensamentos que tenham como Alvo Deus. Que eu consiga fazer uma leitura da vida a partir DELE e que pacifique o meu coração e a minha mente, para que eu faça uma leitura bem real da vida e não permita que nem fatos e nem pessoas tóxicas roubem a minha confiança em Deus e consequentemente a minha alegria, a minha paz e o meu sono. Convido a você, combatente de Jesus a que invista muito tempo na comunhão com Deus e abra mão das más notícias e de pessoas que não acrescentam à sua caminhada. Aprendamos e vivamos estes ensinos.

PROPÓSITO:

Fazer uma leitura da realidade e buscar as respostas de Deus a cada uma das perguntas feitas.

SALMOS 5

CAMINHO DIANTE DA ADVERSIDADE

Leia o Salmo 5. Cremos que temos ainda pela frente muitos dias e para tanto carecemos muito da Presença de Deus, Sua direção, Seu Conforto, Encorajamento e Consolo. Mas tem mais um fator: discernimento. Quando lemos o texto proposto, vemos uma pessoa angustiada por tantas pressões externas, que mexiam muito com o seu interior. Mas o que é visível: que em meio a esta luta, ele conseguia ter a sobriedade e o equilíbrio de pedir ajuda a Deus (orar), ter a certeza de que Ele ouve e responde, aguardava na intervenção Dele e seguia em frente. Eu resumo tudo isso em discernimento, pois quando vêm as pressões, a nossa tendência é ser levado pela avalanche e nos abatermos. Mas o discernimento nos leva a enxergar a situação, ver o tamanho exato e darmos passos certos (orar, crer e agir), superando assim mais esta adversidade. Tenho uma boa e uma má notícia, qual você prefere primeiro? Vou responder: eu prefiro primeiro a má: teremos muitos dias e até quem sabe meses destes momentos difíceis! Mas a boa é que encontramos em Deus toda a força e resistência no tempo mau. A minha oração hoje e em todos os dias é que o meu coração e mente sejam fortalecidos; e quando chegarem as notícias más, eu tenha musculatura espiritual e o meu foco em Deus e esperando sempre Nele, para passar as adversidades. Podemos caminhar assim, confiantes em Deus e sem temor diante do que vem pela frente?

PROPÓSITO:

Cumprir toda a tarefa no tempo de treinamento, para ser mais robusto na fé.

SALMOS 6

ENFRENTANDO O SOFRIMENTO

A leitura de hoje é o Salmos 6. É interessante notar que, achamos que o sofrimento é solitário; só acontece conosco. Quando olhamos para as pessoas nem imaginamos o que cada um enfrenta em seu íntimo; quais são as batalhas internas e externas! Gosto muito dos salmos, pois não são unicamente poesias; são descrições de vidas, suas dores, inquietações, questionamentos; mas também testemunhos que fortalecem muito a nossa jornada. AQUI no texto vemos o salmista expressando as suas dores, inquietações, perplexidades e inconformidades. Mas uma frase se repete duas vezes como uma resposta a: 1. Pressão dos inimigos; 2. Ao silêncio de Deus em meio a esta luta; 3. Aos sentimentos interiores que estavam corroendo; 4. A hipótese quase concreta de sua derrota! Que convicção que ele repete por duas vezes? ELE TEM FALADO COM DEUS E DEUS TEM OUVIDO. A minha oração neste dia é que a cada dia eu me renda mais a Ele; que eu não tenha impulso para fazer as coisas do meu jeito; nem me autovitimize e nem desista na caminhada. Que eu reconheça a minha total dependência de Deus, do Seu cuidado e da Sua Graça. Que eu encontre em Deus toda a força e ânimo para prosseguir: Ele à frente e eu atrás; e que nunca duvide que Ele está comigo e que concederá a vitória. Gostaria muito que você também fizesse esta mesma oração; não sei quais as circunstâncias que você está passando, mas ore a Deus, creia que Ele ouve e age em seu favor; e que isso seja muito mais do que uma prática espiritual: seja uma convicção de que a sua vida está nas mãos Daquele que tudo pode. Que assim vivamos hoje e em cada dia de nossa vida.

PROPÓSITO:

Intensificar a minha devoção em Deus.

SALMOS 7

MINHA SEGURANÇA? SÓ DEUS! E É O SUFICIENTE

O nosso texto a ser lido é o Salmo 7. Como tenho escrito, o livro dos Salmos é o diário de um ser humano com Deus, onde ele expõe a sua realidade, suas adversidades, suas dores e anseios. Mais uma vez o autor se despe completamente de si mesmo, mostrando suas inquietações e clamando a Deus justiça, tanto quanto ao que está enfrentando, como também com respeito a si mesmo. Ele invoca ao Justo Juiz, por ver tanta injustiça e adversidade ao seu redor e as implicações dentro de si mesmo. Ele não se isenta de ações injustas; por ser humano também, é sujeito a esse vírus terrível da natureza adâmica. Mas o que impulsiona o seu coração é a disposição inegociável de louvar a Deus, por quem Ele é e o que Ele faz e espera unicamente Nele. A minha oração neste dia é que eu tenha bem claro o meu tamanho e o meu lugar; e ao mesmo tempo, quem é Deus e o Seu poder me impulsionando a caminhar olhando fixamente para Ele. Que eu não me abata, mas que confie completamente a minha vida, minhas causas a Ele; que não queira exercer juízo próprio nem em ações, pensamentos e palavras. Que meu coração esteja completamente dominado e controlado pelo Justo Juiz, o Deus todo Poderoso e Misericordioso. E o meu convite é para que assim vivamos hoje, com nossa mente, olhos, ouvidos e coração descansados em Deus e não no que nos assola. Que Ele nos abençoe nesta empreitada.

PROPÓSITO:

Que a Presença de Deus seja suficiente para a minha jornada.

SALMOS 8

LIMPANDO AS NOSSAS LENTES

Hoje o texto que você deve ler é o Salmo 8. Ao escrever esta reflexão, vem ao meu coração muita emoção por trazer a memória um momento especial de minha vida. Em 1.983, estava iniciando a minha formação teológica e um dos professores que impactou a minha história, iniciava sempre as aulas fazendo a sua declaração de fé através deste texto. Era um homem muito culto, doutor em teologia; mas muito mais do que ter conhecimento sobre Deus, ele era um homem que andava com Ele. Por isso quando declarava este texto, era muito mais do que uma mente brilhante que tinha a capacidade de decorar ou declamar: era simplesmente alguém que experimentava a cada instante, cada palavra que estava neste texto. O seu rosto resplandecia e apesar de tantos anos passados e dele já estar com Jesus, não me esqueço da forma e do formato de seu rosto ao iniciar dizendo: "Oh Senhor, SENHOR nosso, quão magnífico em toda a terra é o Teu nome". Na minha limitação humana, eu resumiria este texto com duas verdades maravilhosas para todos os seguidores de JESUS. 1. NADA E NEM NINGUÉM É MAIOR DO QUE DEUS: Leia atentamente e tente mastigar cada declaração do salmista e veja o sabor especial destas verdades. Este Grandioso Deus não é distante e nem impessoal; Ele é o todo Poderoso, mas se importa com cada detalhe de Sua Criação, nos seus mínimos detalhes; 2. NINGUÉM É PEQUENO DEMAIS PARA ELE: é interessante, Ele, tão Grandioso, se importa com pessoas tão limitadas e em tão grande quantidade, e trata individualmente cada uma, da melhor maneira possível! Diante desta pequena reflexão e tão limitada diante do Deus Tão Grandioso, tenho pelo menos duas atitudes: 1. Adorar, exaltar, engrandecer, louvar a Deus pelo privilégio de não somente saber sobre Ele, mas ter o privilégio de caminhar com Ele; 2. Apesar de quem eu sou, saber que Ele se importa comigo: me conhece pelo nome, não cria expectativas comigo, não espera a minha performance; ao contrário, Ele tem todo o prazer em me abençoar, cuidar de mim, de me tratar e encontra em mim todo o prazer. Este é o meu filho amado! Convido você a que se delicie em Deus, tenha prazer em se relacionar com Ele, de assentar-se à mesa com Ele, pois nos convida a que reconheçamos a Sua Grandeza, sem ser um impedimento para não se relacionar conosco. A morte de Jesus na cruz foi de braços abertos para todos aqueles que O reconhecem; e aqueles braços que não estão mais cravados na cruz, continuam abertos para nós. "OH SENHOR, SENHOR NOSSO, QUÃO MAGNÍFICO EM TODA A TERRA É O TEU NOME".

PROPÓSITO:
Encontrar em Deus a Pessoa mais espetacular e Grandiosa, que tem prazer em caminhar conosco.

SALMOS 09

CAMINHADA DE FÉ

O nosso texto hoje a ser lido é o Salmo 9. Leia atentamente, veja com muito coração o relato da história do seu autor. Dentre tantas certezas que temos em nossa vida são as tribulações, lutas, adversidades, pessoas que se voltam contra nós, quer causadas por nós, quer não. Mas o salmista relata de uma maneira vibrante algumas verdades que eu gostaria de compartilhar com você: 1. ELE SABIA EM QUEM ELE DEVIA MANTER O FOCO: ele inicia louvando a Deus, declarando a sua convicção de fé e prática. FÉ é crer e viver; se não mantivermos estes dois termos unidos, estaremos fadados ao fanatismo ou masoquismo! FÉ e vida andam de mãos dadas, e todo o seguidor de Jesus deve andar pela fé em Deus. Muitas coisas, pessoas, sentimentos internos, como medo, insegurança; e externos como pessoas e circunstâncias, tentam nos tirar do foco, de confiarmos em Deus. Por isso, mesmo lutando contra a nossa natureza e também com circunstâncias, temos que levantar a nossa cabeça e com toda a nossa força dizer: EU TE LOUVAREI SENHOR; 2. A FONTE DE NOSSA ALEGRIA É DEUS: Somos levados a uma mutação de nosso humor às circunstâncias aqui presentes, quando na verdade aquilo que vemos e vivemos é passageiro e transitório. Em Deus encontramos tudo o que é Eterno, consistente, fundamental e o melhor para nós. Portanto não se permita viver uma montanha russa no seu emocional, pelo que você está vivendo agora ou já há algum tempo; o Autor da sua história já escreveu todos os seus dias e tem o melhor para você e para mim; 3. DESCANSE EM DEUS AS SUAS LUTAS: o salmista expõe de maneira brutal quem é Deus, quem são os adversários e como Ele age com cada um. Quanto de potencial usamos de maneira desnecessária, tentando resolver situações que somos incompetentes, quando deveríamos deixar aos pés do Senhor, depositando assim a nossa angústia, nossa dor, inquietações, para que Ele que é Justo e tem todo o Poder e faz tudo certo, possa dar uma solução definitiva e decisiva. 4. NÃO DUVIDE QUE DEUS ESTÁ AGINDO: a nossa natureza adâmica é imediatista; queremos respostas para antes de ontem não é mesmo? Mas não é assim... Deus tem o tempo Dele que não é o nosso! E o mais importante é que Ele está em plena ação, preparando tudo de maneira perfeita e completa. Deus não faz nada pela metade, nem gambiarra, nem sem um propósito! Por isso cabe a nós, mesmo sem vermos e sabermos, crermos que Ele está na ativa. Deus não tem sono, jornada de 8 horas de trabalho, férias, final de semana, cansaço, doença. É CERTO QUE NAO DORMITA O GUARDA DE ISRAEL. O SENHOR É QUEM TE GUARDA! O autor do livro aos hebreus nos adverte que JESUS VIVE PARA INTERCEDER. Bom, diante de tudo isso, a minha oração neste dia, é para que eu ocupe a minha mente e o meu coração unicamente em confiar em Deus e não permita que nada e nem ninguém me tire do foco, do que devo crer e andar; pois a vida do seguidor de Jesus é pela fé. Ainda não aconteceu o que estou esperando? Vou confiar em Deus, levar a Ele as minhas perguntas e confiar que Ele tem o hoje, o daqui a pouco, o amanhã e todos os meus dias em Suas poderosas mãos. Convido você também a que juntos experimentemos essa jornada com o coração aquecido pela confiança no Deus que tudo pode e que nenhum dos Seus planos pode ser frustrado e que tem para nós pensamentos de paz para nos oferecer o Seu melhor.

PROPÓSITO:

FAZER UM INVENTÁRIO DOS ATOS DE DEUS NA MINHA HISTÓRIA.

SALMOS 10

CONVIVENDO COM UM CENÁRIO DE MÁS NOTICIAS

Hoje é dia de lermos o Salmo 10. Confesso a você que lendo cuidadosamente parecia que estava assistindo a um noticiário televisivo... só notícias ruins, tragédias, desgraças e um senso de impunidade, de injustiça e a constatação que o mal está dando goleada no bem; que a pessoa boa já não existe mais e que a bondade está com os dias contados. Não é isso que temos visto hoje? Assassinatos, impiedade, impunidades; só notícias ruins em todas as camadas da sociedade e uma falta de cenário saudável para se viver. E quantas vezes não nos conformamos com isso e começamos a ter uma perspectiva de que daqui para frente, tudo vai de mal a pior, pois ninguém consegue controlar o mal e por vezes achamos que até Deus não dá conta! Masssss não é essa a verdade; o próprio salmista reconhece que se por um lado a iniquidade e a impiedade crescem, há um limite, pois Deus tem o controle sobre tudo isso! Esses fatos todos, são necessários acontecerem para que fique explicitado, o quanto o homem, por causa da natureza pecaminosa, não tem em si as condições de fazer algo bom; pelo contrário, deseja a destruição e ainda acha que tem a autonomia de vida, que não tem que dar satisfação a ninguém, pois não há essa pessoa. E aí fico pensando no humor de DEUS em ver este quadro cômico; vejo a paciência de Deus em suportar estas atitudes, vejo a misericórdia de Deus em não destruir todos e finalmente vejo Deus se colocando com toda elegância a Sua Soberania e Controle sobre tudo e todos. Deus não precisa ter nenhuma atitude intempestiva para provar quem Ele é; simplesmente ELE É DEUS e ponto final. A minha oração neste dia é que apesar de ver, ler e sentir todas estas ações humanas tão desumanas, eu não me atemorize e nem tenha descrença no meu coração! Que eu foque todo o meu coração em Deus, que Ele tem o controle sobre tudo e todos. Que eu não me permita ser contaminado por este sistema, mas tenha toda a minha motivação para enfrentar este novo dia, com a plena convicção de que DEUS É Soberano, tem todo o domínio, inclusive do mal e que é Ele quem tem a última palavra. Convido você também a crer e viver focado em Deus, que é Justo e que tem prazer na justiça. Que enfrentemos cada dia, alinhados em Deus, que nos traz sempre boas notícias.

PROPÓSITO:

Não se permitir ser contaminado pelas más noticias

SALMOS 11

O QUE FAZER QUANDO TUDO VEM CONTRA NÓS?

O texto para você ler hoje é o Salmo 11. É muito interessante observar o que Salomão disse em Eclesiastes "Não há nada de novo debaixo do céu ". Vemos que o salmista enfrentava a todo instante muitas lutas, adversidades, pressões, confrontos e não é diferente em nossos dias. Querendo ou não, vamos nos defrontando com situações difíceis que geram em nós sentimentos, que por vezes, até nos assustamos. Mas o escritor nos ensina duas coisas maravilhosas: 1. DEUS ESTÁ NO TRONO: esta forma de expressão não quer dizer que Deus está distante e nem está isento de tudo o que está passando aqui conosco. Ao contrário, a expressão quer dizer que Ele está no mais alto posto e isto significa que ELE É PODEROSO, SOBERANO E TEM O CONTROLE ABSOLUTO DE TUDO E DE TODOS! Que bênção saber que Deus, apesar de toda a Sua Grandeza e Santidade, está atento a toda a Sua Criação, a pessoas tão pequenas como nós; 2. É JUSTO E AMA A JUSTIÇA: este conceito já foi descrito em outras reflexões e será sempre repetido, pois é a verdade inerente do Próprio Deus e um consolo e ânimo para Seus seguidores. A minha oração neste dia é para que Deus me dê Graça e Misericórdia em cada embate que terei que enfrentar. Que eu não queira usar as armas humanas, mas sim o exemplo que Ele usa na minha vida: Misericórdia que foi renovada nesta manhã e Graça que é um presente de Deus para quem não merece. Que essas armas espirituais possam ser utilizadas por cada um de nós, em todas as situações deste novo dia e em cada dia de nossa vida e que assim vivamos em plena sintonia com o Nosso Deus que tem todo Poder e Domínio e que ama e mantém a ordem, apesar de toda a resistência do homem mau. Que assim vivamos focados em Deus e não nas circunstâncias; agindo como Ele quer e não como o sistema secular nos impele. Desfrutando da Sua paz e não das guerras externas e internas.

PROPÓSITO:

MANTER BLINDADO O NOSSO CORAÇÃO E MENTE EM DEUS, QUE É A NOSSA PAZ.

SALMOS 12

VONTADE DE DESISTIR?

O texto para ler hoje é o Salmo 12. Neste texto vemos que o escritor coloca para fora todo o seu inconformismo e a sua dor diante do que estava vivendo, que não sabemos se era um dia, um mês, um ano; não temos precisão. O que sabemos é que era intenso e contínuo e ele expressava a sua indignação, revolta e clamor a Deus. Mas ele sabia a quem falar (Deus) e cria de todo o coração que Ele ouvia e agiria de maneira decisiva. Nenhum de nós é guerreiro como o salmista, mas temos as nossas lutas externas e internas e que muitas vezes, parecem que vão nos levar a nocaute. Quem sabe você já se sinta na lona! A minha oração, e gostaria que você comigo também fizesse, é que creiamos e vivamos mais embasados na Palavra de Deus e não na dos homens. Que o nosso foco não esteja no que estamos vivendo e vendo, pois isto não é fé! Que apoiemos a nossa confiança no que não vemos e nem sabemos e que encontramos em Deus; no momento certo será revelado. Deus não está distante e nem omisso a tudo o que estamos enfrentando; Ele está no controle, mesmo que não vejamos e nem sintamos. A vida de fé em Deus não é sentir; é viver, dar passos, levantar e andar. Por isso oro e convido você com toda a humildade, a que juntos confiemos cada um dos nossos assuntos, nossas dores e necessidades a Deus, certos de que Ele está atento. Ele nos conhece e tem prazer em nos fazer o bem, pois somos filhos amados em quem Ele encontra toda a Sua alegria. Vamos viver hoje assim?

PROPÓSITO:

PERSEVERAR MESMO DIANTE DO QUE PARECE SER INVENCIVEL. APENAS, PARECE!

SALMOS 13

ATÉ QUANDO DEUS?

Hoje o texto para a leitura é o Salmo 13. Você tem orado por algum assunto há bastante tempo? Quanto tempo aguarda a resposta de Deus sobre algo? Você tem pessoas ao seu lado que já receberam resposta de Deus em menos tempo que você? Por um acaso em seu coração passa o pensamento de que DEUS está demorando para te responder? Você tem sido afligido de maneira incansável e está esgotado? Você tem pedido socorro a Deus e não tem tido trégua? Pois bem, quero dizer que todas estas e outras similares, foram levantadas pelo salmista. Ele por 4 vezes usa uma expressão de inquietação: Até quando Senhor? Demonstra alguns sentimentos tais como: DEUS está demorando; o meu assunto não é importante para Deus; Ele quer me fazer sofrer; Ele se esqueceu de mim e outros. Pois bem, é muito difícil conciliar o tempo de Deus e o nosso tempo, e como já escrevi, somos muito imediatistas e desejamos que aconteça com muita urgência. Certamente este é um dos nossos desafios, pois queremos colocar Deus dentro de nossa vontade e no nosso tempo. Mas o salmista depois de todo este questionamento e desabafo, faz duas declarações maravilhosas para nós: 1. DEUS É A FONTE DE SUA CONFIANÇA: ele afirma: eu confio em ti. Nada havia mudado, tudo continuava do mesmo jeito, mas Ele sabia em quem ele cria, depositava toda a sua confiança e não pararia e nem retrocederia; 2. ELE SEGUIRIA A CAMINHADA LOUVANDO A DEUS: ele se recorda de tudo o que Deus tinha feito; não olhava para o retrovisor para ficar lamuriando o que não deu certo; ele enxergava quanto cuidado, livramento, ações maravilhosas de Deus em seu favor na sua história, que o impulsionava a seguir em frente (olhar para o para-brisa da vida) com o coração recheado de coisas boas sobre Deus. E aí, o que vamos fazer diante deste texto e do Grande Deus? A minha oração neste dia é que eu confie, confie, confie em Deus e que essa confiança me impulsione a seguir em frente com a cabeça erguida, coração alegre e pacificado, pois sei por experiência própria que Deus está atento, cuidando e tem todo o domínio sobre qualquer circunstância da minha e da sua vida. Não permitamos que as dúvidas, incertezas, demora, paralisem o nosso fervor a Deus em nossa caminhada e que sigamos em frente declarando que DEUS É BOM EM TODO TEMPO; EM TODO TEMPO DEUS É BOM.

PROPÓSITO:

Declarar que o Deus que esteve comigo até aqui, continuará comigo a partir de aqui.

SALMOS 14

BOAS OU MÁS NOTICIAS?

Hoje o texto para a leitura é o Salmo 14. Estava lendo o texto e parecia que lia o jornal ou via um noticiário do dia. A impressão mais exata é que o salmista vivia em um tempo de tanta incredulidade, de um estilo de vida corrente, onde cada um vivia segundo o seu próprio interesse, fazendo o que bem queria, levando uma vida totalmente independente de tudo e de todos, inclusive de Deus. Uma certeza vista era: DEUS? Se existe, não faz parte da agenda! Mas é interessante observar que em detrimento da ausência do reconhecimento e da falta de temor a Deus, Ele está presente, atento a tudo e agindo para manter a ordem no meio da desordem humana. Não é diferente em nossos dias e o cenário descrito pelo salmista como lamento, parece muito real no momento que vivemos. A minha oração neste dia é que eu não me permita ser contaminado por este sistema que exclui Deus. E quando escrevo *sistema* não me refiro unicamente ao secularismo, mas também à religiosidade, onde apesar de mostrar alguns valores "de Deus", carece demais da Graça e Misericórdia de Deus. Que eu reconheça Deus em todos os meus caminhos; que eu tenha prazer em TÊ-LO como Pessoa principal na minha jornada e nunca duvide que Ele tem o domínio sobre tudo e sobre todos. Reafirme que o mal será sempre vencido pelo bem, que Ele é o vencedor. Convido você seguidor de Jesus que, se sente cansado e desanimado diante de todos os embates da vida, a que seja uma dessas pessoas que são vistas por Deus como quem tem entendimento e que busca a Deus em uma sociedade alienada do verdadeiro Deus. Que o deus deste tempo (status, dinheiro, autonomia, desamor, impiedade, etc) não faça parte de sua vida. Mas que juntos caminhemos em um profundo relacionamento com Deus e que nossos passos sejam de alguém que encontra em Deus toda a alegria e realização. Que nosso dia seja de certezas de Deus e não de instabilidade, por não terem e não quererem Deus como comandante de suas vidas. Eu peço a Deus por mim e te convido a essa jornada.

PROPÓSITO:

Andar na contramão da sociedade alienada de Deus.

SALMOS 15

UMA DECISÃO DE MÃO ÚNICA

O nosso texto para a leitura é o Salmo 15. Leia por favor! É muito importante que leiamos com muita atenção a Bíblia pois ela nos revela muito mais do que aquilo que lemos; há riquezas insondáveis, confrontadoras e fortalecedoras. Neste capítulo vemos uma pergunta clara e outra pergunta subentendida. A primeira está no versículo 1, onde Davi usa duas expressões: *tabernáculo* e *monte* para designar muito mais do que lugar e sim relacionamento profundo com Deus. Quem???? E a segunda pergunta que não vemos claramente, mas que nos perguntamos: quem tem todos estes valores descritos dos vs 2 a 5a? Você tem? Conhece alguém que tenha? Compreende a pergunta que está subjetiva neste texto? Então concluímos que não poderemos dizer sim para a primeira pergunta? O que não podemos esquecer nunca é que temos uma natureza adâmica, somos pecadores, e por nós mesmos não podemos nada! Além disso, por termos o vírus do pecado em nós, cometemos pecados que pela lista descrita do que é requerido, é bem maior do que as pessoas qualificam e quantificam de pecado. E agora? Podemos tirar algumas lições maravilhosas para a busca de um relacionamento que Deus nos convida a termos com Ele, pois é assim que vejo o vs 1. Deus nos convida a termos uma comunhão com Ele, mas: 1. Não pode ser de qualquer jeito: o salmista Davi nos diz que no relacionamento com Deus há valores, princípios excelentes, não dá para ser do nosso jeito; 2. A nossa incompetência: nenhum ser humano consegue ser e ter todos estes requisitos. E neste sentido vejo que Deus que nos conhece e sabe tudo, não espera performance. Religioso se apresenta diante das pessoas com um currículo impecável, mas Deus conhece o interior e Dele não conseguimos esconder, fingir absolutamente nada; 3. Deus trabalha em nós: quando aceitamos o convite maravilhoso que Ele nos faz de intimidade, relacionamento, Ele inicia tratando as áreas de nossa vida, mexendo no nosso íntimo e fazendo a Sua Obra maravilhosa em nós. Isso é de Deus e não de nós mesmos por causa do pecado que ainda está neste corpo mortal e por causa dos pecados que cometemos. Mas experimentando esta caminhada com Deus, somos tocados por Ele e coisas surpreendentes ocorrem. Somos constrangidos pelo Seu amor, confessamos os nossos pecados, somos perdoados e justificados; não carregamos mais a culpa e somos habilitados por Ele para vivermos em novidade de vida. O prazer de estar e andar com Ele se torna a nossa maior fascinação. A minha oração neste dia é que eu compreenda as minhas limitações, minha dependência de Deus e que não queira viver como religioso, que busca performance com Deus como barganha para ser abençoado. Não! Quero viver em intimidade, com Aquele que me conhece, que sabe tudo de mim; quero viver em sinceridade, humildade e sensibilidade para com Ele; quero cuidar mais do meu relacionamento com Ele do que ficar olhando e comparando com os outros se são mais ou menos pecadores do que eu! Quero ter gratidão pela Obra de Jesus na cruz por mim, Sua morte e Ressurreição; viver o Evangelho simples e puro de Jesus. E aí compreender o valor maravilhoso da comunhão com Ele e de que Ele não despreza quem O busca. E assim vivermos a cada instante experimentando as coisas novas que Ele faz em nós!

PROPÓSITO:

Viver dia a dia o novo de Deus em Cristo Jesus.

SALMOS 16

A COMPANHIA SUBLIME DE DEUS

Hoje é o Salmos 16 a nossa leitura. Espero que você esteja lendo o texto Bíblico antes de ler a reflexão. É primordial que você faça isso. Quanto ao livro dos Salmos gostaria de fazer algumas considerações: 1. Não necessariamente é sequencial: na verdade quase nada; 2. É a experiência do autor com Deus: não é meramente poesia, uma reflexão; NÃO... É vivencial, circunstâncias reais de um ser humano como nós e que sofria, mas falava com Deus; 3. Há um contexto histórico: existia um cenário difícil e o Salmos é a declaração do personagem a Deus. Posto isto, vemos neste capítulo um momento de trégua e de declaração de amor do autor para Deus. Neste capítulo há um único Personagem Principal: DEUS! O salmista lava a sua alma, expressa sua admiração e suas convicções sobre Deus e o que Ele representa em sua vida e história. Não sabemos o que nos espera hoje: se será agitado ou teremos um dia tranquilo e sereno. Mas a minha decisão é investir tempo, energia, emoção para exaltar a Deus. Que o meu coração e a minha mente sejam alimentados pela história de Deus comigo, SEU cuidado, SUA providência, SEU amor, SUA atenção, SUAS respostas às minhas inquietações e orações, enfim, que eu faça declarações de amor a Deus, reconhecendo a Sua fidelidade e Seu domínio e creia de todo o meu coração que Ele me ama e que tem propósitos para a minha existência. Que hoje seja um dia de trégua; mas que mesmo que não seja, que o meu coração e a minha mente mantenham-se blindados pela paz de Deus e que me leve a admirar mais a Deus, ama-Lo, confiar Nele e ter momentos de intimidade com o SENHOR da minha vida. Convido você a que juntos tenhamos o nosso foco em quem Deus é e não nas circunstâncias. Que hoje seja um tempo de aprendizado tendo como tema: QUEM É DEUS NA MINHA VIDA. Que tenhamos reflexões profundas que nos abasteçam e nos revigore a fé.

PROPÓSITO:

Fazer uma redação dos atos de Deus no último mês.

SALMOS 17

COMPARECENDO DIANTE DO JUSTO JUIZ

O nosso texto é o Salmo 17. Leia com atenção.... leu? Pois bem, vemos o nosso autor em mais um combate violento. Podemos ver os adjetivos inúmeros que ele utiliza para estas pessoas que combatem com ele incessantemente. Não são fictícios; são reais, tem nomes, tem ações, tem objetivos. Mas o salmista toma algumas decisões que já conhecemos e que foram eficazes tanto no campo exterior como no seu interior. Vamos lá: 1. Ele buscou em Deus a Pessoa para socorre-lo: o autor sabia de suas limitações, suas fraquezas; por vezes faltava-lhe fôlego diante dos ataques incessantes e ininterruptos. Por isso ele recorre a Deus clamando por socorro, ajuda, estratégia, ânimo diante de toda esta guerra.

Devemos agir assim; podemos não ter os mesmos problemas, mas temos o mesmo Deus que é Poderoso e que está sempre ao alcance de quem O busca. Que privilégio maravilhoso; 2. A convicção de que DEUS o ouve e age em seu favor: ele não fala por falar, não clama ao ar; ele sabe com quem fala, o que fala e tem a convicção absoluta que Deus é Poderoso e atende o seu clamor. Ele não está falando e nem confiando em um ser humano qualquer. Ele se refere a Deus como Senhor, que O ouve, que O instrui e que espera Dele a direção. Temos o privilégio como seguidores de JESUS de buscar a Deus em qualquer hora, sobre qualquer assunto e com a segurança de que Ele nos ouve e que Dele procede toda a direção nos próximos passos a seguir; 3. O Real valor de nossa vida diante de Deus: o seguidor de Jesus não está isento de ventos contrários, de tribulações, de adversidades quer sem um motivo específico, ou até mesmo por situações criadas por nós mesmos; não podemos nunca esquecer, que somos pecadores, que temos os nossos deslizes. Não somos perfeitos! Mas uma certeza que o salmista expõe é que apesar de tudo isso, ele e nós, seguidores de JESUS, somos alvos de Seu amor. As tribulações vêm, permanecem por um tempo, mas o Seu amor é permanente e constante. Mesmo em meio às lutas internas e externas que nos assolam diariamente, temos no devido tempo aquela manifestação de paz e amor que vem de Deus e que nos impulsiona a seguir em frente. Bom, estamos iniciando mais um dia, algumas coisas carregamos de ontem, aguardamos respostas para hoje e sabemos do risco de tribulações para hoje; mas que o nosso coração e a nossa mente, sejam pacificados, imediatamente em Deus! Que não invistamos tempo e energia em buscar soluções em nós mesmos e nem nos brados de reclamação e lamúria. Que nos conectemos ao Deus TODO PODEROSO, abrindo o nosso coração, confiante de que Ele ouve, vê, age, e que sigamos em frente seguindo Seus passos, Sua orientação, fortalecidos pelo Seu amor por cada um de nós. É esta a minha oração e disposição para este novo dia e gostaria de que você fosse hoje o meu companheiro nesta jornada de fé.

PROPÓSITO:

Pela fé, já viver a resposta de Deus, sem ainda ter acontecido.

SALMOS 18

TUDO PASSA, CREIA!

O nosso texto de hoje é o Salmos 18. Este texto escrito por Davi é fruto de mais uma das inúmeras batalhas que ele travou em sua vida. Vemos tanta declaração de amor, de fé, devoção a Deus, e nem imaginamos o que ele passou até experimentar o livramento de Deus sobre a sua vida, pois aos olhos humanos, ele era para ter morrido. Mas Deus o sustentou e ele expressa toda a sua gratidão e reconhecimento da Obra maravilhosa do SENHOR. Sabe queridos, eu gostaria de destacar duas lições para nós hoje: 1. O TEXTO BÍBLICO NOS TRAZ CONFIANÇA: podemos ver a narrativa de um ser humano como a gente, com todas as características como as da gente, e que tem a coragem de descrever de uma forma muito transparente tudo que passou, os sofrimentos, angústias, demora na intervenção de Deus em seu favor e isso traz para nós um retrato muito grande de que podemos confiar em Deus. A Bíblia não traz fábulas e ficção; traz a dura realidade da vida e o Deus que age com Graça e Misericórdia; 2. DEUS CONTINUA SENDO DEUS HOJE: eu não sei que gigante você está enfrentando; eu sei dos meus! Quem sabe você anda num grau de irritabilidade tão grande que você não se aguenta consigo mesmo! Ou então você está naquela de querer ficar quietinho no seu canto, sem ânimo! Tudo isso é legítimo se realmente as pressões, as lutas, os gigantes externos e internos estão sufocando a sua vida. Mas à semelhança do salmista, confie em Deus e creia que tudo isso vai passar; a libertação destes grilhões paralisantes, que roubam a sua paz e alegria estão com as horas contadas e assim você poderá declarar em alta voz, cantar com todo o seu folego: EU TE AMO OH DEUS... TU ÉS O MEU DEUS, MINHA FORÇA, MEU REFÚGIO, MINHA FORTALEZA. Mas não se esqueça: essa experiência te fortalecerá até a próxima batalha, mas com certeza você estará mais musculoso para seguir em frente. O meu pedido a Deus hoje é que eu tenha no meu coração e nos meus lábios um canto, uma declaração de amor a Deus, de confiança, de esperança, mesmo em meio às lutas. Que o nosso olhar não esteja no que ainda não aconteceu; mas sim no Deus que age e proverá em cada circunstância. Gostaria de ter você como companhia, para que vivamos hoje pela FÉ em Deus e com FÉ. Podemos caminhar assim hoje juntos?

PROPÓSITO:

Recorde algumas passagens em sua vida com Deus que foram marcantes e que te fortalecem a continuar a jornada.

SALMOS 19

O DEUS GRANDIOSO DOS DETALHES

O texto para nossa reflexão é o Salmos 19. Confesso a você a minha enorme dificuldade em escrever sobre este texto pela sua riqueza e grandeza! A imagem que eu tenho ao ler é infantil; quando me pediam para fazer algo que até hoje eu não tenho habilidade que é desenhar. Admiro pessoas que pegam um lápis e colocam no papel traços e depois de algum tempo, sai uma obra maravilhosa. Por isso ao ler este texto é como se eu visse Deus mostrando Sua riqueza de detalhes e cuidados, uma prova de Seu amor que é a Sua Criação. Ele demonstra que há uma conversa entre cada detalhe mínimo da construção de Sua Obra prima. Mas neste processo não somente na questão de formato, mas também na Sua ordem das coisas: o caminho, a entrada, a saída, expressa que tudo o que Ele faz é correto; não existe nada dúbio e tudo isto para o Seu louvor e a nossa alegria. Que impressionante, não tenho palavras para expressar a riqueza de detalhes. Pena que nós de maneira irresponsável não conseguimos, enxergar, valorizar e cuidar de toda esta obra de arte Deus e não compreendemos que é uma forma de Deus demonstrar o Seu amor por nós. Por isso ao ver esta obra de Deus, quero me curvar em profunda reverência a Deus, reconhecendo a minha limitação e a Sua grandeza; reconhecendo que não sei e não posso nada; mas que Ele é tudo e pode tudo. Que diante disso e das minhas questões que são tão pequenas, mesmo assim Ele valoriza e que faça a declaração final do texto: QUE AS PALAVRAS DOS MEUS LÁBIOS E O MEDITAR DO MEU CORAÇÃO SEJAM AGRADÁVEIS NA TUA PRESENÇA, SENHOR ROCHA MINHA E REDENTOR MEU. Que eu encontre em Deus toda a minha alegria, prazer e confiança; que eu viva uma vida de devoção e admiração ao Único Deus que ordena todas as coisas. Convido você hoje a ser um admirador da Obra de Deus e que isso te impulsione a ter um relacionamento mais íntimo com Ele e sinta-se responsável em preservar a Sua Criação.

PROPÓSITO:

Ser um fiel guardião da Criação e Preservação do que Deus fez.

SALMOS 20

A TRIBULAÇÃO TEM O SEU FIM

Desafio você a ler o Salmo 20. Eu sempre usei uma frase e continuo: *é muito fácil estar rodeado de pessoas para comer bolo; agora, para os momentos difíceis, dá para contar nos dedos.* E é a pura verdade! O salmista aqui mais uma vez descreve a sua trajetória de vida, marcada por momentos de tranquilidade e também de turbulências. Como sempre escrevo: conflitos externos e internos: eles não se desassociam; não é possível blindar o interior do que vivemos no exterior! Só que pegando o gancho de minha frase, há situações que nos sentimos sozinhos e ninguém poderá nos ajudar, só Deus! E essa situação gera no coração um único sentimento: segurança. O salmista busca a Deus no momento de angústia, pois só Nele encontrará força, pois Ele é refúgio e Fortaleza neste momento. Ele tem a certeza de que DEUS o ouve e é o Único capaz e suficiente. Ele tem experiência de que verdadeiramente Deus salva o Seu povo. E por isso reafirma: tenho cavalos, soldados, competências e habilidades. Mas em nada disso ponho a minha confiança: SÓ EM DEUS! Podemos hoje teoricamente estar vivendo um dia neutro, em descanso; mas a nossa cabeça não pára, há guerras que estão em andamento diante do que vem pela frente. Alguém disse, fruto de pesquisa que *"o dia mais tenso para as pessoas em geral é o domingo, pois começam a sofrer por antecipação (ansiedade) os desafios da semana"*. Por isso a minha oração de hoje é de louvor, adoração, rendição completa a Deus; quero renovar a minha confiança hoje em Deus e para cada dia, pois eu sei que Ele cuida de mim; é a Pessoa mais interessada em mim e fará INFINITAMENTE MAIS do que tudo o que peço ou penso conforme o Seu poder que opera em mim. Só que há um detalhe fundamental: esta verdade não está na primeira pessoa, acontecendo somente para mim; está no plural, é para todos os seguidores de JESUS. Você e eu somos desafiados a esta jornada neste dia, pois sabemos em quem temos crido. Que Ele nos confronte e que humildemente nos rendamos a Ele. Vamos juntos nesta jornada de fé que começa agora? Experimentemos de uma forma singular o quanto Deus é digno de nossa confiança; depositemos Nele as nossas inquietações e confiemos, confiemos, confiemos Nele e descansemos, descansemos, descansemos, completamente em Seu PODER e Sua VONTADE.

PROPÓSITO:

Viver um dia por vez, sem atropelar!

SALMOS 21

ONDE ESTÁ A MINHA FORÇA?

Hoje o nosso texto é o Salmo 21. Gostaria que antes de ler a reflexão, você investisse um tempo para ler o Salmo. É o mais importante! Em nossa sociedade humana a hierarquia é indispensável e sem dúvida, é um empoderamento e muita responsabilidade! À medida que você ocupa um cargo ou função, é esperada performance que verdadeiramente diga o porquê de você estar lá. Mas também há um "falso poder", que muitas pessoas usam sem terem a verdadeira consciência da futilidade. Infelizmente o ser humano considera o poder, o ter, mais importante do que o fazer, o ser! Acabo de receber um texto bem longo, mas bem agudo e reflexivo sobre a vulnerabilidade da vida e o que acontece quando a morte chega para nós; tudo fica aqui e a substituição é imediata; e tudo o que achávamos sobre nós, cai no esquecimento. O salmista inicia o seu relato de vida afirmando que a sua condição de rei não faria sentido fora de estar na dependência do poder e da força de Deus! Além disso o rei confia no Rei das Nações e deseja ser guiado e conduzido por Ele. Toda a estratégia política, comercial e militar virá da instrução de Deus. Portanto a sua certeza é que será bem sucedida. A minha oração neste dia é que eu saiba direitinho o meu tamanho e por isso, viva em profunda dependência de Deus. Que eu não queira ser nem mais e nem menos de quem verdadeiramente sou. Que eu dependa totalmente de Deus e O consulte em cada decisão, escolha e pensamento! Que eu viva a vida como realmente ela é; e que a minha ação ativa seja de declarar que DEUS É BOM EM TODO TEMPO; EM TODO TEMPO DEUS É BOM. Convido você também a iniciar este dia com essa disposição de submissão a Deus em tudo e que isso nos traga todo o prazer. Que vivamos a vida com simplicidade reconhecendo que o que temos e somos vem das Mãos de Deus.

PROPÓSITO:

Saber o meu verdadeiro tamanho e assim ter prazer em depender de Deus.

SALMOS 22

VIDA FIRMADA EM DEUS

O livro dos Salmos tem muitas peculiaridades que já escrevi em textos anteriores e eles eram declamados e cantados.... o escrito era transformado em uma música e assim virava uma bela canção onde Deus era a Pessoa principal e exaltada. Mas dentro deste cancioneiro, vários temas eram descritos. Hoje eu gostaria que você lesse o Salmos 22. Darei um tempinho para você fazer isso. Não deixe de ler, pois possivelmente você se encontrará dentro desta descrição de alguém, que está enfrentando um momento crítico, que ele denomina de abandono de Deus. Você já se sentiu esquecido por Deus? É óbvio que na realidade isso é impossível, pois Deus não se esquece, não abandona, nos tem na palma de Suas mãos, somos a menina dos Seus olhos; mas há circunstâncias tão difíceis que enfrentamos, onde não temos uma resposta de Deus a um pedido nosso, uma dor insuportável, crises emocionais que são incessantes, uma solidão profunda de Deus. Pois bem, esta é a realidade do salmista e quem sabe de você que está neste momento lendo esta humilde reflexão. Solidão, abandono, esquecimento, angústia, desamparo, impotência, falta de direção. Que sensação terrível! O salmista age para sair desta situação, relembrando a ação de Deus na história de seus pais; que grande livramento ocorreu em situações similares. Ele relembra também na sua própria história o quanto Deus foi decisivo e a Sua ação transformadora naquele ou em tantos momentos. Ele crê de todo o coração que isso vai passar, mas a demora e as ações contrárias parecem insuportáveis e que o levarão ao fim de sua história. Mas essa dor colocada para fora, essa inquietação honesta diante de Deus expressa a Sua confiança e esperança Naquele que pode agir em seu favor, e já se adianta declarando que o resultado será um testemunho de que DEUS não o abandonou, que Ele interviu de maneira singular e a vida voltou ao ritmo normal, pois Ele tem todo o domínio e nada foge do Seu controle. Por vezes achamos que a nossa vida virou de ponta cabeça e que nem Deus consegue colocar em ordem. Engano nosso; Ele continua Soberano, e tem tudo no Seu controle. E para nós nesta experiência, aprendemos a depender de Deus, a confiar, esperar, gerando uma intimidade que nos dará uma maturidade espiritual, fruto de um relacionamento com Alguém que não só ouvimos falar, mas com quem travamos um relacionamento real e crescente. A minha oração neste dia é que eu não duvide que DEUS está muito mais perto de mim do que eu veja ou imagine; que a Sua ação em meu favor está mais próxima do que nunca. Que isso aquiete a minha alma, levando-me à gratidão e louvor por antecipação e testemunho a tantas pessoas que estão vivendo situação semelhante. Convido você a que juntos caminhemos nesta jornada de fé no Deus Único e verdadeiro, que nos convida a andar sem lenço e sem documento, mas com Ele que nos é totalmente suficiente.

PROPÓSITO:

Viver dia a dia na fé e pela fé em Jesus Cristo.

SALMOS 23

O MEU PASTOR

Convido você a ler o Salmos 23 com muita atenção, mesmo que saiba declama-lo. Tenho que ter um momento de confissão: estava aguardando com muita expectativa esse dia, pois este texto é muito significativo, pois foi o primeiro texto que aprendi ainda bem pequeno e isso mexe com toda a minha história. Além disso é um texto que eu poderia extrair dezenas de lições sem repetir. Por isso, mesmo que você saiba de memória, leia palavra por palavra novamente; eu espero! Muito bem, O SENHOR É O MEU PASTOR E NADA ME FALTARÁ. Que retrato maravilhoso que o salmista apresenta sobre Deus! Ele projeta a sua atividade pastoril na Pessoa que mais ele amava e podia contar: O DEUS SOBERANO. Neste primeiro versículo alguns aspectos saltam aos meus olhos: 1. O ATOR PRINCIPAL: IAVE, que é o Único Deus que existe, Imutável; 2. MEU: representa vínculo profundo, pessoal, individual e incondicional; 3. PASTOR: aquele que cuida, alimenta, que supre todas e ao mesmo cada uma das suas ovelhas; 4. EFICIÊNCIA: supridor, não deixa faltar o que é essencial. Bom, se eu parasse por aqui, já teria muito o que concluir; mas o texto vai nos apresentando uma rotina de relacionamento entre o Pastor e cada uma de suas ovelhas nos versículos seguintes. E aqui eu resumo este rico texto com toda a humildade afirmando que: O DEUS TODO PODEROSO, AQUELE QUE SIMPLESMENTE É, TEM O SEU PAPEL DE CUIDAR DE CADA UMA DE SUAS OVELHAS NO COMEÇO, MEIO E FIM. Eu quero dizer que por Deus ser Eterno, Ele não tem passado, presente e futuro; mas entra na nossa história e está ativo em todas estas etapas humanas, no nosso passado, no presente e no futuro! Ele esteve e está SEMPRE conosco suprindo, cuidando, dirigindo, sarando, restaurando, aplicando o medicamento necessário, estando e sendo Presente. E no futuro? Nós é que estaremos com Ele. A minha oração neste dia é que eu tenha a plena compreensão de que mesmo que tudo falte e que aparentemente contrarie a afirmação NADA FALTARÁ, eu tenha a certeza absoluta, que tudo pode faltar, menos ELE, o MEU PASTOR. E convido você a que nesta saga possamos viver cada dia, com todas as circunstâncias do mundo real, mas com a doce Presença do PASTOR que NUNCA FALTA! Que vivamos assim, como ovelhas que têm toda a segurança do PASTOR QUE NAO FALTA.

PROPÓSITO:

Olhar para a vida a partir Daquele que é o MEU PASTOR.

SALMOS 24

A OVELHA DO PASTOR

Estava refletindo ainda sobre o Salmos 24 e me voltei a um fato maravilhoso: O AMOR DO PASTOR PARA COM A SUAS OVELHA. Nós conhecemos um pouco sobre a ovelha: ela não tem uma boa visão, é rebelde, é lerda, é burrinha, teimosa, é resistente. Poderia listar mais algumas características, mas em detrimento de tudo isso e muito mais, o Pastor prepara o ambiente, separa o melhor alimento diário e abastece com água. Além disso nos diz que as ovelhas enfrentarão inimigos e situações adversas; fala sobre feridas onde Ele cuida com todo o carinho! Trata de certos caminhos que Ele chama de vale da sombra da morte, mas mesmo nestas situações, Ele está presente no caminho e nos encontra no final. O salmista ainda diz que o cuidado do Pastor iria em todo o trajeto. Pois bem, aplicando este texto do Nosso Pastor para conosco, que explicação temos além de um amor incondicional de Deus para comigo e para com você? Mesmo quem somos e enfrentamos, o Amor Dele é o mesmo! Que Grande Amor do Pastor por nós. Por isso quero abastecer o meu coração deste Amor, que não consigo entender; só me cabe aceitar e desfrutar! Convido você a que junto comigo, desfrutemos intensamente deste Amor Maravilhoso, do Deus que olha, mesmo sabendo quem somos e que não temos nada para oferecer; que em cada situação difícil que enfrentemos, ouçamos a voz do Pastor dizendo: EU TE AMO MINHA OVELHA.

PROPÓSITO:

Que palavras você expressaria ao ouvir o Pastor Divino dizendo: EU TE AMO MINHA OVELHA?

SALMOS 25

O DEUS DE TUDO

O nosso texto hoje é o Salmos 25. Leia com carinho, cuidado e você verá um tom diferente nele. O salmista vivia em um cenário de conquistas; as guerras antigas nem sempre eram, por questões de quem era mais forte e sim por conquistas de terras, propriedades; conquistas por conquistas! E eram intensas e contínuas! O poderoso era aquele que fazia um inventário e declarava quanto de terra possuía, quantos escravos tinha e isto através de muito sangue. O salmista reflete sobre a maior verdade: DEUS É O DONO DE TUDO! Por mais que as pessoas queiram mostrar o seu poder, sua força, seu status através de uma declaração de bens, tudo é de Deus quer queiram, quer não! E ele invoca Deus como o Rei da terra, o Criador, o Dono e também o Senhor dos Exércitos. Em nossos dias a história não é diferente: vemos tantos conflitos entre nações por terra; enormes discussões dentro da família por causa de patrimônio. No mundo comercial tantas batalhas por aquisições para mostrar quem é maior. Quantos conflitos no mundo corporativo por um cargo. Que vaidade! Nada é nosso, tudo tem um Único Proprietário: Deus e fora Dele tudo e todos são usurpadores. O Próprio Senhor Jesus foi tentado com a seguinte proposta: veja os reinos, toda a terra, tudo isto te darei se prostrado me adorares. Que absurda a proposta, pois na verdade TUDO É DELE, PORTANTO QUAL O MOTIVO PARA SE PROSTRAR? E quantas pessoas estão em um desespero intenso para adquirir o que nunca será seu, pois na hora que a morte chegar, o caixão não terá gavetas! Você já notou que não temos nada, pois o sócio majoritário quer anualmente a sua parte? O imóvel? IPTU; o automóvel? IPVA. O salário? Receita Federal e assim por diante. A minha oração neste dia é que eu compreenda que sou um mordomo do Dono de tudo; que eu me coloque na condição de desfrutar do que Deus me confiou e que o meu coração não esteja no tesouro, mas esteja em Deus. Que toda a minha dependência e toda a minha energia esteja em reconhecer a Grandeza de Deus e não naquilo que é tão frágil. Que tudo o que eu tenha seja uma dádiva de Deus e não o meu deus. Convido você também a participarmos desta contracultura, onde reconheçamos que Tudo é de Deus e que vem de Deus, porque Tudo pertence a Ele, mas que graciosamente nos delega para sermos Seus cuidadores. Certamente viveremos com muita paz e alegria. Deus nos ajude nesta empreitada.

PROPÓSITO:

Compreender que o meu tesouro é e está em Deus e mais nada!

SALMOS 26

O DEUS DA CAMINHADA

Convido você a ler o Salmos 26. Leia e tente entrar no coração do escritor, sinta o peso de cada expressão e observe algumas decisões maravilhosas que ele tomou. Este texto é mais um grito da alma: o interior do salmista estava um vulcão; sentimentos que estavam se tornando gigantes e que corroíam o seu interior! Estava sangrando muito. Ele então decide alguns passos que nos ensinam muito: 1. Clama a Deus: observe que ele usa expressões de clamor, pois via em Deus a única e última saída! Cada palavra tinha um sentido de que Ele não tinha outra pessoa a não ser Deus; 2. Confiança na Graça e Misericórdia de Deus: o salmista tinha consciência de que tinha pecado e cometia pecados. Mas ele sabia muito bem que DEUS era rico em perdoar, pois estava com o seu coração quebrantado e contrito e por isso receberia de Deus gratuitamente e graciosamente o Seu perdão; 3. Submissão na caminhada: neste grito da alma, o salmista tinha desejo de desistir pelo peso que isto trazia. Mas depositando a Sua confiança NELE, experimentando o relacionamento com Deus reconciliado, o que restava era continuar a jornada e neste sentido destaco dos versos extraordinários: vs 12: AO HOMEM QUE TEME AO SENHOR, ELE INSTRUÍRA O CAMINHO QUE DEVE ESCOLHER - veja que presente maravilhoso de Deus para nós.... a Sua direção em cada uma das retas, curvas e bifurcações da vida. Há uma direção segura de Deus; não existe para Ele fim da linha! O outro verso é o 14: A INTIMIDADE DO SENHOR É PARA OS QUE O BUSCAM, OS QUAIS ELE DARÁ A CONHECER A SUA ALIANÇA - observe que privilégio Deus nos concede, que Grande Amor. Ele nos ama não pelo que fazemos e sim. porque ELE É AMOR E NOS AMA! E isso O leva a expor a Sua intimidade, o Seu interior, para que possamos CONHECÊ-LO melhor, Seus desejos, pensamentos e propósitos para nós. A minha oração neste dia é que eu não tenha medo e nem pudor em expor a Deus os meus sentimentos, minhas dores, inquietações, pois Ele sabe quem sou e deseja ter comigo um relacionamento filial, de um filho para com o Pai. E Ele oferece os Seus ouvidos, Seu olhar e Seu toque, como prova de Seu amor que me constrange a amá-Lo como PAI, mesmo com as minhas limitações; mas que não são desprezadas e nem rejeitadas. Que eu neste dia aprofunde o meu relacionamento com Ele, de confiança e rendição e que assim o grito de minha alma seja aquietado pela doce voz do Deus que me ama incondicionalmente a ponto de enviar o Seu Único Filho, Jesus Cristo, para me perdoar e trazer novamente para próximo do Pai. Convido você que quem sabe esteja com um grito entalado na garganta e não saiba o que fazer com tantas agonias, tristezas, mágoas, indefinições; não se autovitimize e nem desanime, mas busque Deus, pois Ele continua no mesmo lugar, mais perto de você do que imagina, de braços abertos para recebe-lo e cuidar de você como só Ele sabe.

PROPÓSITO:

Decida andar apaixonadamente por Deus, se alegrando com a Sua direção e os momentos de intimidade.

SALMOS 27

QUANDO TUDO PARECE CAOS

Um fato que não compreendemos é por que o sofrimento, as angústias, as decepções, a traição, o abandono, o desprezo e coisas semelhantes a essas acontecem, na nossa caminhada quando vemos que a nossa vida está sendo aprovada por Deus! Ao ler o texto de hoje que é o Salmos 27, e para tanto recomendo que você leia com muita calma, o salmista expressa a sua indignação, diante de uma adversidade que estava roubando a sua alegria e paz. Ele é contundente e até corajoso ao se expor diante de Deus: julga Senhor a minha integridade: examina-me e prova-me, esquadrinha o meu interior. Que coragem e ousadia! A partir daí ele declara que tem tido uma vida ilibada, sempre focado em agradar a Deus! Mas havia uma pergunta que não conseguia ter resposta: por que estou passando por essa adversidade? Não sabemos ao certo o que ele estava enfrentando, mas podemos extrair algumas lições bem práticas para nós: 1. O seguidor de Jesus não tem uma carta de isenção de sofrimento: encontramos muitos casos e afirmações, inclusive do Senhor Jesus que nos afirma - "no mundo passais por aflições, mas tende bom ânimo "; 2. Viver corretamente é resultado de uma caminhada com Deus e não performance: à medida que desfrutamos da comunhão com Deus, o Espírito Santo vai mexendo em nosso interior e assim vivemos em novidade de vida. E isso é feito por Ele e não há mérito em nós, pois o pecado está em nosso DNA. Mas isso também não nos impede de enfrentarmos adversidades! Um exemplo é Jó... homem íntegro e reto, temente a Deus e que da noite para o dia, literalmente, enfrentou um tsunami em sua vida; 3. As adversidades são oportunidades de nos aproximarmos mais de Deus: não existe nenhum momento mais crucial de nossa existência, onde mais nos esvaziamos, nos humilhamos, do que quando uma tempestade bate à nossa porta. É o desemprego, a doença, o luto, a injustiça, o abandono, etc. Nestas horas é que chegamos à real certeza: não somos e não temos nada! Mas na verdade temos: o Único que precisamos - DEUS e como esse processo nos gera crescimento e amadurecimento! E é isso o que ocorre com o salmista e também com você e comigo. A minha oração neste dia é que eu tenha um coração ensinável e confiante em Deus; que mesmo que esteja vivendo uma aflição ou tempo de bonança, a minha confiança esteja sempre em Deus; que eu não tire o foco de que vivo pela fé Nele, e que Ele tem todo o controle, quer nos momentos quando estamos no alto da montanha ou nos vales! Que saibamos que DEUS É SEMPRE DEUS. Convido você a que juntos caminhemos nesta direção.

PROPÓSITO:
Encarar a jornada cristã com muita determinação e coragem em Deus.

SALMOS 28

DEUS, A NOSSA LUZ NO CAOS

O nosso texto hoje é o Salmos 28. Vou esperar você ler... pronto... leu? Uma das grandes crises mundiais é a insegurança. Há países que investem bilhões de dólares para oferecer segurança! Mas notícias e mais notícias mostram a vulnerabilidade da vida; ocorrem guerras, atentados, problemas naturais, irresponsabilidade de empresas que devastam cidades, sem falar é claro, nas crises pessoais e relacionais que geram uma instabilidade terrível, um caos. Davi sabia muito bem da matéria segurança, pois era Rei, enfrentava conflitos diuturnamente; tinha inimigos, temores internos, mas ao mesmo tempo ele conhecia Deus e com Ele caminhava. Ao ler este salmo, que eu poderia humildemente dar um título do tipo: *As crises e Deus*, aprendo a encarar a vida, apesar de estar com os pés no chão, envolvido a tudo isso, mas com os olhos fixos em Deus e o coração confiante Nele. A primeira lição que aprendo é que Davi sabia em quem podia depositar a sua confiança: ele declara em todo o capítulo uma verdade que já lemos e leremos muitas vezes e que era uma realidade em todas as circunstâncias: ELE SABIA QUEM DEUS ERA, O SENHOR É! Esta convicção para nós é requerida também e só a obtemos em situações adversas, onde a Presença de DEUS É determinante e decisiva. E aí conhecemos mais profundamente e com Ele mantemos maior intimidade, que gera conhecimento. É um ciclo (tensões, conhecimento, intimidade, conhecimento, tensões, conhecimento intimidade). O SENHOR É, esta era a afirmação de Davi e deve ser a nossa; 2. O medo é substituído pela confiança: Davi não ignora que teve e enfrenta o medo; é importante ter medo pois ele tem dois fatores essenciais: o primeiro é que nos coloca na realidade, os pés no chão, nos chama à razão de nossas limitações! Mas o segundo fator é que o medo deve nos levar a uma decisão e não ficarmos paralisados. Davi quando sentia o medo de tudo o que estava enfrentando ou que era anunciado, declarava que sabia que DEUS ERA MAIOR E TINHA TODO O PODER, por isso, "não temerei"; 3. VIDA DE DEPENDÊNCIA DE DEUS: Davi era um homem ativo, que tinha uma demanda de decisões, mas sempre buscava em Deus as decisões. Ele usa OUVE SENHOR, AO MEU CORAÇÃO ME OCORRE, BUSCAREI O SENHOR, TU ÉS O MEU REFÚGIO, e assim por diante. Em nossa agenda diária, dependência de Deus deve ser o primeiro item! 4. CONFIANÇA INABALÁVEL: ele faz uma analogia de um pai e uma mãe que não desistem de um filho; mas coloca como possibilidade! Mas Deus não abandona, não desiste, não vira as costas! Que segurança maravilhosa de que nada e nem ninguém poderá nos separar do Amor de Deus que está em Cristo Jesus. O que Ele fez na cruz foi eficaz e teve um preço para Ele, que nos oferece gratuitamente e de uma vez para sempre; 5. POSSO ESPERAR EM DEUS: do jeito que a crise, os problemas, as guerras, o desânimo vêm, vai embora também. E neste intervalo o que me cabe é: ESPERA EM DEUS, Ele é digno de nossa confiança, Ele está agindo mesmo que eu não veja, e está preparando o melhor, pois tudo o que Ele faz é sempre acima do que sequer imaginamos. Por isso neste dia o meu coração, a minha mente e os meus olhos se erguem acima das crises, das dúvidas, dos conflitos, das impossibilidades, dos medos e dos demais gigantes que se apresentam diante de mim e digo em alto e bom som: O SENHOR É A MINHA LUZ E A MINHA SALVAÇÃO; O SENHOR É A FORTALEZA DA MINHA VIDA, e convido a você com os pés trêmulos, mas decididos, a dar este passo de fé e rendição ao Nosso maravilhoso Deus, que nunca, nunca, nos deixará.

PROPÓSITO:

Renovar a confiança diante dos problemas e lutas, que temos o Grande Deus.

SALMOS 29

SEGUIR OU DESISTIR?

Como já escrevi, o Salmos era o relato do que o seu autor e/ou povo estavam ou tinham passado. O Salmos eram cantados em suas caminhadas e também em suas reuniões domésticas, sempre testemunhando o Poder e a Grandeza de Deus em favor do Seu povo na história. Mas há salmos que são verdadeiros gritos da alma; são situações vivenciadas que esgotam o interior, que promovem angústia e tristeza e até desespero. Hoje é o Salmos 29 e o salmista está gritando por socorro, ajuda, intervenção Divina. Tente entrar dentro do escritor e sinta as dores em suas palavras, suas reivindicações, seu desencanto. Mas em meio a toda esta tempestade e agitação interna, ele: 1. Sabe a quem pedir ajuda: é Deus e mais ninguém; ele foca seus olhos, fala com suas últimas forças com Deus por quem Ele é e pelo que Ele pode fazer; 2. Coração crente em Deus: ele cria de todo coração como fruto de tantas experiências anteriores, que DEUS o ouvia... ele não estava só e a sua batalha não era solitária; Deus estava junto, sensível, atuante, companheiro; 3. Dirija os meus passos: o que mais o salmista queria era a direção de Deus na continuidade da caminhada: por vezes buscamos o socorro de Deus em momentos pontuais e depois levamos a vida do jeito que queremos! Não; ele declara: apascenta, cuida, dirige, conduza.... O que vamos enfrentar neste dia, nesta semana? O que estamos aguardando que não acontece? A minha oração neste dia é uma voz de clamor a Deus, de socorro, de ajuda em meio ao turbilhão de sentimentos e pensamentos. Mas também que eu não me esqueça, do que Ele tem feito em cada detalhe da minha história e que isso me impulsione para avançar, para esperançar, para pela FÉ ver o que não vejo, crer no que não aconteceu! Convido você que certamente está vivendo impasses, dúvidas, incertezas, inquietações, a também agir assim, em frente, totalmente vazio de si mesmo e buscando encher das verdades eternas de Deus e Sua Presença, pois Ele está presente, dando combustível para a sua jornada neste dia. O SENHOR É A NOSSA FORÇA, É O NOSSO ESCUDO.

PROPÓSITO:

Sentir o acolhimento de Deus e o Seu acolhimento por sua vida.

SALMOS 30

LENTES LIMPAS

A nossa leitura hoje é o Salmo 30. Gostaria que você investisse tempo lendo o texto sagrado e depois a reflexão. A importância está no texto Bíblico! Quando leio, vejo o salmista exaltando a Deus, declarando o SEU Poder, SUAS Obras, SUA Grandeza e um convite para que juntos vejamos o quanto Ele é BOM e Maravilhoso. É óbvio que o salmista está em um momento muito especial, onde todas as suas energias e foco estão voltados para Deus, observando nos mínimos detalhes a ação de Deus na história. Isso não quer dizer que tudo estava ajeitado, que não tinham problemas; mas o seu interior estava conectado com Deus e isso era a sua prioridade! A minha oração neste dia é que Deus me dê esta santa obsessão de fazer uma declaração de amor a Deus; de renovar os meus votos de confiança, fruto do reconhecimento da Grandeza de Deus na Sua criação, na história e na minha própria vida. Que eu invista as minhas forças, energias, sentimentos e emoções unicamente em quem Deus é e o que Ele faz! Que seja um tempo onde eu possa admirá-Lo, falar bem Dele, de ter prazer em contar o que Ele tem feito na minha vida e compreender como Ele dirige a história. Que eu tenha as minhas lentes limpas para ver Sua Obra e creia que em toda esta atividade, Ele olha para mim, me chama de filho amado e que se importa com cada detalhe da minha vida. Convido você a que juntos tenhamos em nossa mente, coração e boca expressões de que DEUS É BOM EM TODO TEMPO; EM TODO TEMPO DEUS É BOM! VAMOS exercitar neste dia um louvor a Deus? Não permitamos que as dúvidas, o medo, a insegurança, as incertezas e outras coisas que não procedem de Deus, estejam na nossa vida. Que hoje louvemos porque Ele é BOM e a Sua Misericórdia dura para sempre. Temos muita coisa boa para falar de Deus.

PROPÓSITO:

Listar fatos, grandes e pequenos, deste último mês, que expressam o cuidado de Deus.

SALMOS 31

DO TEMPORAL À BONANÇA

Hoje o nosso texto é o Salmo 31. Leia por favor. Eu espero! Pronto, dei tempo para você ler. Quando estamos passando por tempestades, ventos contrários, o tempo parece que não tem fim; não vemos o sol durante o dia e nem a lua e as estrelas durante a noite. Não há cor; tudo é cinza, não há sinais de que está no fim! Mas de repente tudo passa, e voltamos a ter uma vida normal, é claro que com as sequelas, dores no corpo e aquele sentimento de que conseguimos sobreviver. E assim nos alegramos, pela etapa vencida. Ao ler este salmo é assim que vejo a história do salmista. Há uma euforia e as lembranças passadas; há alegria, mas ao mesmo tempo as recordações de possibilidades passadas que não se consumaram, apesar de terem chegado muito perto! Um retrato bem vívido disto é quando ele afirma: o choro pode durar a noite inteira; mas a alegria vem pelo amanhecer! Podemos tirar algumas lições bem práticas para a nossa vida: 1. As tempestades são cíclicas: sempre teremos; são vivenciadas entre tempos de tranquilidade e de adversidades. São necessárias, pois geram crescimento! Portanto devemos estar preparados; 2. As lutas nos fazem estar mais dependentes de Deus: os ventos contrários nos afirmam o quanto somos frágeis, impotentes e isso nos leva a buscar ajuda e socorro em Deus; e o melhor: ELE NOS OUVE E ATENDE! 3. As circunstâncias são passageiras: parecem infindáveis, conspiram contra o nosso calendário, mas nunca contra o tempo de Deus; 4. As tempestades são um convite para que pela FÉ olhemos o tempo de bonança: o salmista nos desafia a em tempos de adversidades cantarmos, exaltarmos a Deus, crer, confiar e esperar, pois o novo tempo está próximo. Já podemos ver o sol raiar! Eu uso uma expressão: um dia a mais e um dia a menos. A minha oração hoje é semelhante à de ontem: olhar para as circunstâncias com as lentes da fé e já me apossar e viver dos tempos da bonança, tendo em minha mente, coração e lábios, palavras que falem muito bem de Deus. Que todos os sentimentos de incerteza, dúvida e medo, sejam substituídos por expressões vindas de um relacionamento mais íntimo e profundo com Deus que me leva a prosseguir. Convido você a este exercício de fé e vida.

PROPÓSITO:

Olhar hoje com os olhos de amanhã, do futuro; já passou!

SALMOS 32

QUANDO AS COISAS VÃO DE MAL A PIOR

Quanto mais leio a Bíblia mais me apaixono por este livro Divino que narra a saga humana, sem esconder nada; mas que tem como Personagem principal Deus, que se relaciona com gente humana, cheia de contradições, de sentimentos estranhos e mesmo assim, não despreza e nem se distancia. É interessante notar que nós seres humanos gostamos de conviver com pessoas que tenham um padrão moral, social, econômico e postural próximo ou até melhor que o nosso. Só que à medida que lemos a Bíblia vemos a descrição de personagens com histórias tão complexas e que por vezes têm reações bem diferentes daquilo que nós admitimos exteriormente, expressando desejos que sentimos por dentro, mas que por causa da religiosidade não temos coragem de colocar para fora! Que besteira! Hoje o nosso texto é o Salmos 32. Leia com cuidado e observe a bipolaridade de sentimentos que o salmista viveu e deixou registrado para nós. Ao mesmo tempo que o salmista reafirma a sua confiança e convicção em Deus; sua certeza de que DEUS é por Ele, e que Nele encontra todo apoio e provisão, ele descreve com riqueza de detalhes, as dores e agonias que enfrentava diante de toda a sua realidade de vida. Ele não ignora os conflitos que vivia: seus medos, insegurança, ira, injustiça e nominava os terrores que enfrentava. Mas ele tinha certeza absoluta: 1. Que sabia com quem falar: a Única pessoa confiável e que poderia ouvi-lo era Deus. Não existia ninguém mais confiável do que o Senhor, por isso era com Ele que desabafava, sem juízo de valores, sempre pronto a acolhê-lo; 2. Estes momentos adversos teriam tempo contado: as pressões vêm, numa velocidade e intensidade que parecem que vão destruir tudo. Mas o salmista tinha em Deus socorro, refúgio, uma rocha e o livramento definitivo. Para ele podia estar sem controle, MAS NUNCA PARA DEUS; 3. Deus continua dono da última palavra: há momentos que achamos que é o final da linha; não tem mais jeito! Mas isso é nosso, de um coração titubeante. Deus continua no controle, mesmo que aos nossos olhos tudo pareça estar de cabeça pra baixo. Ele é DEUS, a Sua bondade é infinita, a Sua Presença preenche o nosso interior e conseguimos enxergar além da aflição e do terror, mesmo que ainda estejamos nela. A minha oração neste dia é para que eu respeite a minha humanidade e não viva com máscara, afirmando que está tudo bem só para mostrar para os outros. Não! quero sentir todos os sentimentos legítimos do momento presente e falar com Deus, com todo o temor; mas ao mesmo tempo com sinceridade. Quero reafirmar a minha convicção em Deus, não tendo medo mais do que confiança Nele. Desejo ter uma intimidade que me leve a declarar a Grandeza, o Poder, a admiração a Ele, mesmo vivendo essa roda gigante da vida. Quero cantar a Deus e quando a minha alma estiver no limite, expor a Ele a minha dor, pois Nele eu posso confiar e encontrar todos os recursos para que mesmo que no momento nada mude, creia que Ele tem o controle e fará INFINITAMENTE MAIS DO QUE TUDO O QUE EU POSSA PENSAR OU IMAGINAR. Vamos nesta caminhada como o salmista?

PROPÓSITO:

Ter a noção exata de que nada foge do controle de Deus.

SALMOS 33

PEQUEI... E AGORA?

Hoje o texto para a leitura e depois reflexão é o Salmos 33. Leia por favor o texto Bíblico.... aguardo. Este texto de Davi para os estudiosos, é o resultado de sua experiência em um dos casos mais graves de sua vida, quando do acontecimento de sua queda. Ele toma a consciência de sua realidade, seu erro e acerta com quem tinha que acertar: DEUS. Gostaria de antes de continuar a reflexão sobre o texto ponderar alguns fatos: na Bíblia aparecem os termos pecado e pecados. Pecado é a nossa condição, pós queda de nossos pais; ou seja, a partir da queda de Adão e Eva, todo o ser humano nasce com o pecado em seu DNA, que é chamado de pecado original. Pecado é o estado de rebelião contra Deus, de desobediência a Ele. Pecados, são as ações decorrentes do pecado, e isso ocorre através de palavras, ações, atitudes e omissão. Ou seja, todo o ser humano é pecador e comete pecados. Essa verdade precisava ser vivida de maneira honesta, pois creio que não seríamos tão cruéis (pecados) com outras pessoas. O antídoto para esta condição é Jesus, que morreu lá na cruz, pagando assim a dívida da rebelião (pecado) contra Deus. Jesus disse: ESTÁ CONSUMADO, toda a dívida humana contra Deus, que seria impossível ser paga, Ele pagou através do Seu sangue, de uma vez e para sempre. E o Espírito Santo, toca na vida dos seguidores de JESUS, mostrando que estamos errados em nossas palavras, ações, pensamentos e omissão (quando poderíamos ajudar e não fazemos, por exemplo) e esta consciência de que DEUS está certo e nós errados, chama-se arrependimento. Bom, se eu parasse por aqui já poderíamos tirar muitas lições para a nossa vida, tais como olhar mais para nós mesmos, para dentro de nós, ao invés de, olhar para a vida dos outros e julga-los; de sermos mais misericordiosos com aqueles que caem, pois são tão humanos como nós, apenas podem ter pecados que não são os nossos ou os nossos não foram descobertos; nos aproximamos daqueles que caíram e não rotularmos, amando como Deus ama aqueles por quem Jesus morreu! Mas voltemos para o texto Bíblico: vemos Davi usando nos dois primeiros versículos expressão de júbilo, de alegria e ao final também. O que o leva a isso? Vejo 3 lições para a nossa reflexão e aplicação: 1. O arrependimento é o remédio para a nossa caminhada de fé: devemos estar a cada momento nos auto avaliando e vendo se estamos agindo, falando, pensando certo, como Deus é certo. Essa atitude deve ser algo natural, sem culpa ou pressão; 2. O pecado é pesado e não vale a pena carregar: como escrevi acima, a nossa tendência adâmica é de ter palavras, atitudes, pensamentos, que são agradáveis a nós e não a Deus. E há um conflito interno tremendo naquele que é seguidor de Jesus. Portanto, cabe a cada um de nós um processo de introspecção sincera e 3. Confissão a Deus e a certeza do perdão: quando entendemos que a nossa rebelião é contra Deus e que Ele nos oferece a oportunidade da reconciliação através unicamente de Jesus, somos perdoados e os nossos pecados são jogados no abismo e Deus não se lembra. "Se confessarmos os nossos pecados, Deus é Fiel e justo para perdoar e nos purificar de toda a culpa" 1 João 1:9. E aí, devidamente atualizados com Deus, continuamos a nossa caminhada com profunda gratidão e temor para com Deus. Neste dia a minha oração não é por performance (farei de tudo para não pecar, pois aí serei abençoado por Deus), Não; isso é religiosidade! Quero viver um relacionamento saudável, amigo, sensível, pacificado e íntimo, que eu consiga ouvir mais a voz de Deus em minhas palavras, pensamentos, atitudes e nas oportunidades de fazer o bem, do que as vozes do meu coração. Que eu olhe para as pessoas com a Graça de Deus, que me alcançou, e que pode alcançar aquele ou aquela que está em rebelião contra Deus, e não desprezar. Que eu tenha consciência de que não sou melhor ou pior do que ninguém; sou amado do Pai, e Ele encontra toda a Sua alegria em mim. Convido você a que juntos, vivamos uma espiritualidade e não religiosidade (performance) e que nos sintamos alegres e agradecidos a Deus, pelo Seu imenso e intenso amor.

PROPÓSITO:

Ter uma jornada de relacionamento com Deus que é Amor e sabe amar!

SALMOS 34

O DOCE CUIDADO DE DEUS

O Salmos para nós hoje é o 34. Como tenho escrito, o livro dos Salmos não é meramente uma poesia, um cancioneiro; é a história rica e real do autor e/ou do povo, com o Deus todo Poderoso. E o grande desafio, é enxergar o que está por trás do texto e nas entrelinhas, para compreender e trazer para nós a Palavra de Deus, ao nosso coração em nosso dia a dia, nos encorajando, fortalecendo, corrigindo, animando, alertando. Este texto é de muito júbilo, de exaltação, onde o salmista declara com todas as suas forças, a Grandeza de Deus desde a Sua criação, manutenção, em Suas ações gerais e específicas; em tempos de paz e em tempos de guerra; em tempos de tranquilidade e também nas crises. Em qualquer que seja o cenário, ELE CONTINUA SENDO DEUS ABSOLUTO SOBRE TUDO E TODOS! A minha oração neste dia é para que eu olhe, pense e desfrute da intimidade com Deus. A agitação do dia a dia, nos impede de vermos Suas ações! Que seja um tempo de rememorar a semana, a nossa pequena ou grande história e que nunca percamos a visão de que OS OLHOS DO SENHOR ESTÃO SOBRE OS QUE O TEMEM. Que não nos esqueçamos: em qualquer que seja a circunstância, de que o Deus que Criou tudo, se importa conosco individualmente e que tem propósitos muito especiais e específicos para nós. E que tenhamos a humildade e submissão de nos rendermos à Sua vontade. Que seja assim hoje e em cada dia de nossa vida. Eu oro assim por mim, minha família e por você que está lendo e sente-se constrangido pelo Amor de Deus por você.

PROPÓSITO:

Desfrutar da amizade de Deus e Seu companheirismo em toda a jornada espiritual.

SALMOS 35

FALANDO BEM DE DEUS SEMPRE

O nosso texto hoje é o Salmos 35. Dê uma lida... espero. Pronto, leu? Qual versículo que mais te tocou? Que lição ou lições você tira deste texto? Eu por muitos anos participei de um grupo que tinha como moto: BENDIREI AO SENHOR EM TODO TEMPO, O SEU LOUVOR ESTARÁ SEMPRE NOS MEUS LÁBIOS. Sempre que encerrava a atividade, repetíamos. Só que era automático; e a caminhada de fé nos leva a parar e refletir sobre o que lemos, declaramos e professamos e isso eu chamo de maturidade. E este processo necessário, é marcado por inúmeras situações, ora boas, ora más, mas que devem nos levar a uma musculatura em nossa espiritualidade. Vejamos isso: o texto nos diz que devemos falar bem de Deus EM TODO TEMPO, a exaltação a Ele ESTARÁ SEMPRE em nossos lábios. Será isso verdadeiro em nosso dia a dia? Ou será que quando enfrentamos alguma situação na nossa vida não vem aquele descontentamento contra Deus dizendo: poxa Deus por que logo comigo? Deus por que estou enfrentando esta crise, desemprego, luto, problema de saúde, financeiro, emocional, perseguição, injustiça? Bom creio que pude expor algumas possibilidades bem concretas; e aí, podemos dizer que: DEUS É BOM? A minha resposta a tudo isso é encontrada no texto, pois quando o salmista faz essa declaração de fé, ele expõe uma série de convicções que reafirmaram a sua declaração inicial: 1. Ele encontrava sempre Deus quando o buscava: ele tinha consciência de que DEUS estava sempre no mesmo lugar, esperando de braços abertos a sua procura! 2. Essa busca o levou a ter uma intimidade grande com Deus: não era barganha e nem um relacionamento utilitarista, de apuros x respostas mágicas de Deus; não! Era comunhão, era amizade, convivência com o Deus pessoal. 3. Ele tinha a certeza absoluta do cuidado filial e pessoal com Deus: ele era conhecido e conhecia o Seu protetor e PROVEDOR! Nesta jornada do salmista, você e eu devemos ser bons alunos, reconhecendo que Ele tem tudo para nos ensinar, capítulo por capítulo e é óbvio que existe uma provinha ou provão, para nos avaliar. Mas é maravilhoso saber que estamos sempre ao alcance do olhar Divino; Ele nunca deixa de nos olhar, acompanhar, de estar pertinho de cada um de nós e nos garante que as nossas lutas nunca serão enfrentadas sozinhos, pois estará sempre conosco e nunca serão maiores do que o Seu poder! Agora depois de tudo isso, podemos dizer bem de Deus EM TODO O TEMPO, e o nosso louvor ESTARÁ CONTINUAMENTE EM NOSSOS LÁBIOS? A minha oração neste dia é que eu consiga ver e sentir Deus em cada situação da minha vida, quer nos dias bons ou maus; de alegria ou tristeza; nas vitórias ou derrotas, pois tenho provado que Ele é BOM EM TODO TEMPO; EM TODO TEMPO DEUS É BOM. Convido você a que juntos caminhemos nesta saga, com convicções que nos fortaleçam em meio a tantas situações opostas, olhando fixamente em Deus e não nas circunstâncias.

PROPÓSITO:

Deus tem dado provas de que devemos falar sempre bem Dele? Se sim, o que você teria a falar?

SALMOS 36

CORAÇÃO PACIFICADO

Hoje o nosso texto é o Salmo 36. Leia por favor com muita calma e tente se identificar. Escrevo isso pois, qual de nós não tem dias, meses e até anos, que não fazemos declarações deste nível com Deus? Esses são chamados de salmos imprecatórios, onde o autor rasga o seu coração, sua alma clamando justiça de Deus contra aqueles que o oprimem, que querem destrui-lo. A vontade é resolver no braço; mas por vezes são tantos e brincando com você e falando sério, haja força e guerra constante. Só que armazenar tais sentimentos não é saudável para nós: quem adoece somos nós e os inimigos não estão nem aí; querem o nosso sangue! O que fazer diante disto? O que o salmista descreveu: colocou para fora a sua dor contra estes inimigos, que foram até íntimos, mas que por razões inúmeras, se tornaram devoradores incansáveis. Portanto, seja sincero com Deus e fale da sua dor. O próximo passo que também dá trabalho, é transferir o senso de justiça para Deus. Digo dá trabalho, pois queremos exercer a nossa própria justiça, do nosso jeito e no nosso tempo! Mas quando transferimos para Deus, devemos deixar para Ele fazer como e quando for da Sua vontade. E por fim seguir com o nosso coração, mente e olhos fixos em Deus e louvando-O de todo o nosso interior. Ou seja, não permitir que coisas ou pessoas tóxicas roubem o nosso melhor. A minha oração neste dia é que eu descanse em Deus a minha dor e tenha em meus lábios, palavras, hinos e cânticos que exaltem o Justo Juiz, o Grande Deus. Convido você também a que aceite o convite que Jesus faz de ir a Ele com todo o nosso cansaço, opressão, pesos e fardos e neste encontro, saíamos confiantes e disponíveis para falar bem de Deus. É o que farei e te convido a que juntos caminhemos neste dia.

PROPÓSITO:

Não permitir que nada e nem ninguém, roube a paz que Deus despejou em meu coração.

SALMOS 37

VIVENDO NA E DA VERDADE

O nosso texto de hoje é o Salmos 37. Leia por favor antes de mais nada. Eu espero! Muito bem, você entendeu o texto? Viu alguma semelhança com os nossos dias? Não parece que estamos vendo as notícias do nosso dia a dia? O salmista descreve um cenário bem real do que conhecemos e nos perguntarmos até onde vão a injustiça, a iniquidade? Mas o autor faz para nós a descrição Daquele que é Soberano, o Justo Juiz, que está atento a tudo e a todos, e que não deixará barato, pois tudo virá à tona; nada ficará encoberto. Pensamos em injustiça e corrupção apenas dos nossos governantes, mas quantas vezes somos tentados a um jargão antigo e que é tão perverso quanto: "leve vantagem em tudo, certo?". O vírus da transgressão moral, ética, tributária, financeira, profissional, social, jurídica, religiosa, relacional, familiar estão no DNA adâmico que todo o ser humano possui. Temos a tendência de destacar as grandes coisas, os grandes escândalos, as grandes corrupções dos outros e nos esquecemos de coisas bem concretas, pequenas e acessíveis como um troco recebido a mais, um recibo que utilizamos que não é verdadeiro, mas que vai para a declaração de imposto de renda; um pedido antiético a um político, uma informação dada que não é verdadeira, a concordância com uma ocorrência errada mas que somos cúmplices por envolver pessoas próximas, pedir uma nota fiscal com valor maior do que pagamos, etc. A minha oração neste dia é para que eu não me acomode e nem me aquiete com a injustiça; que eu tenha indignação e peça a Deus para que intervenha neste sistema. Mas também que eu me mantenha íntegro e não participe de coisas pequenas, irrelevantes; que eu viva o Evangelho simples e puro de Jesus, acreditando sempre que Ele tudo Vê e que isso me leve a uma vida de temor, que me impede de pecar. Convido você a que também entenda que não existe pecado, pecadinho e pecadão. Que mesmo que o sistema humano tente te engolir, você tenha em Deus, o oxigênio suficiente para emergir e andar em retidão diante do Deus justo, não por medo das consequências, mas pelo Grande Amor que Ele tem demonstrado por você. Essa é a verdadeira motivação do seguidor de Jesus.

PROPÓSITO:

Ter a coragem e determinação de viver com os princípios do Evangelho de Jesus em uma sociedade contaminada.

SALMOS 38

A VIDA QUE VALE A PENA SER VIVIDA

O texto hoje é o Salmos 38. Leia por favor, eu espero! Muito bem, vemos o salmista apresentando um cenário bem conhecido nosso tanto pelos textos lidos, como também por vivermos como personagens. Trata daquele que teme a Deus, que O respeita, que se submete a Ele, que é Seu seguidor, e aqueles que não tem qualquer compromisso e identificação com Deus, que são chamados de ímpios. Quero ponderar com você sobre o fato de que ter identificação com Deus não quer necessariamente dizer ser membro de alguma religião; ser identificado com Deus e ser Seu seguidor vai muito além disso! Nos tempos de Jesus os Seus maiores adversários foram os religiosos, gente que conhecia muito da lei, cerimoniais, mas que não tinham um coração rendido completamente a Ele. Por outro lado, Jesus se relacionava, tocava profundamente na vida daqueles que estavam à margem da sociedade e que aos olhos da sociedade, não eram ninguém, e estes se tornavam Seus seguidores e viviam como Ele ensinava e faziam diferença no mundo. Portanto cabe esta diferenciação. Mas voltando ao texto, observo que podemos fazer duas leituras sobre ele: 1. Uma leitura comparativa e quem sabe nominar e ao mesmo tempo se excluir da lista de ações perversas dos ímpios; ou 2. Investir o melhor de nós na observância da postura esperada do seguidor de Deus, ciente do preço e ao mesmo tempo, disposto a segui-Lo. Entendo que seja mais saudável e inteligente a 2a opção, pois do contrário, usaremos energia boa em reclamações e lamentações. Se sabemos que não caminhar com Deus nos leva ao caos, por que então gastar tempo fazendo considerações? Portanto, gostaria de enfatizar uma série de verbos (ações) propostas no texto, que devemos para com Deus, não para termos uma vida tranquila, mas aprovada por Ele: 1. AÇÕES DECISIVAS - são aquelas decisões de pura dependência de Deus e que Ele nos oferece toda a Sua provisão: CONFIA, DELEITA-TE, ENTREGA, DESCANSA; 2. AÇÕES ATIVAS: são aquelas decisões diárias onde somos afligidos e temos que resistir bravamente para não nos contaminarmos. Chamaria de guerra diária diante do mal: DEIXA, ABANDONA, ESPERA. Leio este texto assim, sabedor de que apesar deste embate, caminho com Deus; mesmo que por vezes a aflição seja injusta e pesada, mas sei Quem está ao meu lado. A minha oração neste dia é que eu me sinta desafiado a cada instante a seguir a Deus como o maior projeto de vida; que não perca o foco nem com as pressões e nem provocações para me tirarem do alvo. Que eu não tenha medo daqueles que me espreitam, que até já foram íntimos; mas que eu caminhe apaixonadamente com o Meu Senhor, que me ama e cuida de mim. Convido você a que juntos trilhemos o caminho com Deus, sendo bons alunos e creiamos que mesmo que o cenário se tornar uma imensa tempestade, Ele está firme e forte conosco.

PROPÓSITO:

Caminhar pacificado em Deus diante de tudo e de todos.

SALMOS 39

PAZ OU GUERRA?

Hoje o nosso texto é o Salmos 39. Leia o texto, eu espero, se você não ler, perderá a essência e não encarnará e nem se identificará. Creia: Deus quer falar com você; Ele sente sua falta, quer expressar a Sua doce voz. Independentemente de onde esteja, como esteja e o que tenha feito! Hoje é um novo dia, oportunidade de recomeçar! O salmista Davi estava enfrentando um problema muito antigo e muito atual e muitos chegam a afirmar que é a causa de muitas doenças em nossos dias: mágoa, raiva! Ele enfrentava uma perseguição e desprezo de um de seus filhos, que literalmente, queria mata-lo. Isso tudo gerou dentro dele uma série de sentimentos que somados causaram: doenças internas (coração acelerado, que usa certas químicas tais como adrenalina, que deve ser utilizada em outras situações), doenças emocionais (pensamentos recorrentes, raiva, ira, desapontamento, inquietação) e doenças externas (feridas, manchas, úlceras). Que tragédia não é mesmo? Não quero me ater à roda da miséria; quero destacar o antídoto de Deus para situações semelhantes: Davi reconhece o seu erro em manter esses sentimentos, que apesar de legítimos, estavam roubando o seu melhor. A outra atitude foi de apresentar diante de Deus a sua causa e crer na Sua justiça: isso não é ser comodista - é ser realista, pois nenhum de nós pode mudar ninguém! Portanto, DEIXA para Deus a sua causa! E por fim, siga em frente, de forma libertadora, pacificadora, perdoando, mesmo que não venha o pedido de perdão! Quando você decide perdoar (transferir para Deus todo o senso de justiça), quem ganha é você, pois as correntes que te aprisionam e paralisam, são quebradas e você segue em frente sem essas cargas nos ombros. Creia: a sua vida depende de Deus e de você; não está atrelada ao que as pessoas pensam, falam ou fazem por e contra você! Por isso neste dia a minha oração é para que Deus pulverize a minha e a sua mente e coração, de pessoas, fatos e situações que amarram e tiram a paz e alegria. Paz e alegria são fruto de Deus, e ninguém tem o direito de mexer e nem roubar. Não se permita; você como eu, fomos chamados para viver e não para ficarmos remoendo assuntos passados, que são impossíveis de serem resolvidos, pois não temos poder para voltar atrás e nem modificar pessoas. Mas nós sim, podemos mudar a nossa postura conosco mesmo, com os outros e seguirmos em frente, em paz com Deus, conosco mesmo e com aqueles que são da paz. Essa é a minha decisão e convido você a assim viver também.

PROPÓSITO:

Experimentar a paz de Deus que excede todo o entendimento

SALMOS 40

PAI E FILHOS

Hoje o nosso texto é o Salmos 40. Leia o texto por favor, antes de acompanhar esta reflexão. Espero.... Eu já escrevi que o livro dos Salmos é a linguagem do coração de seu escritor. Neste que acabamos de ler, observamos que o escritor está com o seu coração sangrando por tudo o que estava vivendo. Era muito desencanto com a vida e com as pessoas e até consigo mesmo! Você já viveu uma situação assim? Está vivendo hoje? Sabe, Deus nos entende, e para mim esta é a grande notícia. A vida não é um parque de diversões e nem sempre é colorida. Há tempestades, ventos contrários e tufões, que por vezes achamos que não tem mais jeito. Mas não podemos nos esquecer que, mesmo em toda esta situação adversa que enfrentamos e outras que enfrentaremos em nossa jornada, Deus está presente e quer ser invocado, buscado e estar presente. E o resultado é que a Sua ação será decisiva. A vida é maior que as dores que enfrentamos e para o Senhor da vida não existe causa perdida! A pergunta que não quer calar é: por que temos que passar por isso? Por que Deus permite isso? Eu encontro a resposta no Salmos: o homem é limitado e tudo o que possa fazer é frágil (vaidade). Por isso é indispensável que dependamos do Nosso Criador, que é o Pai Nosso e que deseja que Seus filhos, mantenham continuamente um relacionamento de filho e Pai; Ele tem prazer em nos proporcionar relacionamento de Pai para com o filho. A minha oração hoje é de rendição: quero deixar de viver no automático, segundo a minha imagem e semelhança, para me relacionar com Deus, meu Pai. E convido você a que também busque estreitar o seu relacionamento com Deus, como um filho tem o Pai Nosso. Que juntos possamos experimentar o afeto e a segurança de estarmos em Seus braços e caminhamos com a Sua doce companhia.

PROPÓSITO:

Viver de maneira exponencial o relacionamento de Pai e filho; filho e Pai.

SALMOS 41

UM DESAFIO INCRIVEL E BRUTAL

Hoje o nosso texto é o Salmos 41. Por favor leia com muita atenção. Leu? Eu considero um dos mais belos e reais de todos os Salmos, pois envolve alguns desafios humanos, principalmente, nos seguidores de JESUS. O verso 1 expressa de uma maneira muito nítida o resumo de todo o texto. Eu dividiria este verso em duas partes bem desiguais, onde a primeira parte é desafiante e desesperadora e a segunda gloriosa e recompensadora. Vamos lá para a primeira parte: DESAFIANTE E DESESPERADORA: 1. ESPEREI: entendeu? É fácil esperar? Por natureza somos imediatistas, queremos tudo para antes de ontem e isto é impossível, ainda mais quando vivemos nos tempos atuais de respostas rápidas! Não! Esse assunto esperar é antigo, por isso, não tiramos os olhos do calendário, ficamos ansiosos e quantas noites mal dormidas, quanta palpitação; 2. PACIENTEMENTE: que dificil, não é mesmo? Esperar e ainda mais com paciência, com tranquilidade, com confiança? Nossa... é pedir muito, pois a nossa natureza conspira contra todo este processo e temos que confessar, que é um exercício brutal; 3. PELO SENHOR: o que deveria ser tranquilo e natural é sofrido pois temos duas reações claras: 1. Queremos ter o controle e não abrir mão! Mas é para Deus que devemos delegar a nossa espera confiante; 2. O impulso de que Deus aja da nossa forma: é coloca-Lo como nosso servo, para realizar do jeito e no tempo que queremos. Isso gera desconfiança; será que Ele está agindo? Será que sou o próximo? Entende como esta primeira parte é um desespero? Não abrimos mão de nossa autonomia! Mas a segunda parte do texto é gloriosa pois temos a certeza de que DEUS ouve a cada um dos meus e dos seus pedidos; eu escrevi que Ele ouve! Mas responde conforme à Sua vontade e que apesar de aos nossos próprios olhos parecer as vezes não ser o que queríamos, é sempre a melhor, pois a vontade de Deus é boa, agradável e perfeita. Só que existe um outro desafio: é que tudo isso leva um tempo, não foi tudo num piscar de olhos! Um virar de página, um ponto final de um versículo e o início de outro! Bom agora podemos ver a descrição do texto como um todo, cada experiência vivida pelo salmista e a maneira tão especial e específica de Deus agir, como sempre o faz! Qual é a sua impressão ao ler este texto? Eu confesso que me sinto envergonhado e ao mesmo tempo desafiado a confiar cada vez mais em Deus, mesmo quando não vejo o túnel, nem portas; mas mesmo assim, quero confiar Nele e que essa decisão minimize cada vez mais a minha natureza humana, para que pela fé, eu já veja o resultado glorioso que Deus tem para os Seus filhos amados, do qual faço parte. Mas fica um alerta: há um tempo, que no nosso relógio pode demorar, mas sempre será no tempo de Deus, pois Ele cuida de cada um de nós. Convido você a que juntos caminhemos dia a dia nesta aventura maravilhosa, de confiar em Deus, em cada um dos assuntos de nossa vida. Para que sofrer por antecipação? Por que não confiar Nele? Por que não ter a certeza de que o melhor Dele para nós já está definido? Essa resposta deve ser respondida por cada um de nós e nos alegrarmos por estarmos debaixo do cuidado do Grande Deus.

PROPÓSITO:

Falar ao nosso coração que confiamos em Deus em qualquer que seja a circunstância e assunto.

SALMOS 42

DEUS! NELE A GENTE PODE CONFIAR

O nosso texto de hoje é o Salmos 42. Invista um tempo e leia primeiro, percebendo os detalhes e depois volte a esta reflexão. Muito bem, o salmista depois de ter passado por algumas situações e que são recorrentes em toda a vida na área relacional, expõe de uma maneira bem clara que apesar de ter necessidade de relacionamentos interpessoais, ele só pode confiar em Deus! Ele enumera alguns personagens tais como inimigos, pessoas que gratuitamente ou não, tinham o intento de destrui-lo. Também cita os que lhe são pouco agradáveis, que se alegram quando de sua adversidade. E por fim, fala daquele que é chamado de íntimo amigo, que comia à sua mesa, estava nas festas de aniversário, de Natal, final de ano e encontros costumeiros de alguém que desfrutava de um relacionamento bem familiar. Todos estes somados em uma panela, remexidos, tinham dois intentos: se alegrar neste momento que estava sendo difícil, que presumimos era de enfermidade e destrui-lo definitivamente! Você já passou por uma situação assim de desilusão humana? De sentir-se esgotado com o bicho homem? Você pode ver que este tema é bem antigo e comum em toda a história humana! O que fazer? Desistir de tudo? Não confiar em ninguém? Viver em um lugar solitário? Não ajudar ninguém? Ser frio e insensível para com todos? Sentir-se frustrado de ter ajudado tantas pessoas e o troco é essa ingratidão? O salmista nos mostra alguns caminhos interessantes e saudáveis para que tenhamos uma vida normal e com qualidade: **1**. Não devo generalizar as pessoas: a nossa tendência diante do desaforo e/ou decepção é dizer: todo mundo é igual. Na verdade, há muita gente ruim (podemos até fazer parte deste grupo de ingratos e injustos), mas há um contingente de pessoas (nesse temos que estar por favor) boas, sensatas, sãs interiormente, com essência, aos quais primeiro devemos ser e depois buscar conviver com eles. Para saber, não há uma fórmula mágica, uma identificação imediata; mas com o passar do tempo, vamos conhecendo; **2.** Confiar, confiar, só em Deus: existem pessoas íntimas, que não enchem uma mão, que podemos entregar toda a nossa vida; são parceiros e estão conosco em todas as circunstâncias. Mas são humanos e corremos um risco enorme de sermos traídos e abandonados. Quando a nossa confiança reside somente em Deus, o nosso saldo será sempre positivo e renderá dividendos em nossa jornada. Ele está sempre presente, nos conhece completamente, tanto os nossos potenciais como as nossas misérias e tem um amor incondicional por nós a ponto de não desistir de gente como a gente. A minha oração neste dia é para que eu busque ser e viver como sou diante de Deus. Que eu não me atreva a ser um personagem e buscar aprovação e nem aceitação e reconhecimento dos homens, pois isso é vaidade acompanhada de decepção. Mas que busque viver na simplicidade e autenticidade com Deus, na certeza de que Ele me torna cada vez melhor, pois o Seu intuito é trazer dia a dia a Sua imagem e semelhança mais latente em minha e na sua vida. Por isso convido você a que também siga estes passos, confiando em Deus completamente e você se surpreenderá com Deus, ao observar que Ele colocará pessoas ao seu lado que têm o mesmo intento de agradá-Lo e que contribuirá para a sua vida e vice-versa, pois gente precisa de gente! Mas selecionado por Deus é ganho.

PROPÓSITO:

Ser humano diante do ser humano.

SALMOS 43

ENFRENTANDO O SILÊNCIO DE DEUS

Hoje o nosso texto é o Salmos 43. Leia por favor: é indispensável. Este texto descreve a dor do salmista: ele estava vivendo momentos de altos e baixos, e o que mais ele clamava, era a Presença de Deus. Sente-se abatido, sufocado, impotente, quase desfalecido. Aí traz a sua memória o que pode dar esperança: são as lindas experiências com Deus, Sua intervenção grandiosa, a intimidade com Ele. Mas novamente vem o abatimento, a angústia, o silêncio de Deus. São vozes internas e externas que sempre ressoam com a mesma frase: cadê o Teu Deus nesse momento que você está? Por que Deus se ausentou de você? Por que você está passando por isso? Essas vozes internas e externas o assolam. Mas sempre há um último grito: ESPERA EM DEUS, vai passar, ELE ESTÁ COM você, não te abandonou e é o Seu companheiro de jornada. Será que não estamos assim? Será que não passamos por isso? Será que neste momento, você não está vivendo literalmente esses conflitos? A minha oração neste dia é que tenhamos a certeza absoluta, que Deus está conosco; que consigamos discernir as vozes internas e externas e nos dê a força e a coragem de responder a cada uma delas: EU CONFIO NO MEU DEUS POIS ELE É VIVO E AGE NA MINHA VIDA, POIS ESTOU VIVO! Convido você a que não permita que as sombras internas roubem de você o desejo de buscar mais a Deus (ter sede), que estes conflitos não te abatam; mas que te impulsione a seguir em frente com a absoluta certeza de que você não está só, nem esquecido ou abandonado! Deus continua no mesmo lugar, com você, até no vale da sombra. Quando os alunos têm que fazer provas, o professor fica em silêncio, mesmo estando presente! Que tenhamos um dia muito especial, onde os nossos olhos e coração estejam fixos em Deus e somente Nele.

PROPÓSITO:

Compreender que o silencio de Deus não é Sua ausência.

SALMOS 44

PERTENCENTE A DEUS

Hoje o nosso texto é o Salmos 44. Leia... são poucos versículos. Leu? Pois bem, a nossa jornada não é fácil, vivemos de boas e más notícias; de tempos de paz e conflitos; de alegrias e tristezas.... E tudo isso é previsto e não há novidade, pois o Próprio Senhor Jesus nos disse que "no mundo passaríamos por aflições, mas que era para termos bom ânimo; Ele venceu e consequentemente nos dá vitória". Mas façamos uma confissão: como seria bom se tivéssemos um período longo de trégua, de fôlego entre uma batalha e outra! O salmista que o diga: era uma luta atrás da outra e não temos ao certo quanto era tempo de duração e de fôlego! E é óbvio que existiam os inimigos externos e os internos (pensamentos, reações, figuras, sentimentos, etc). Qual inimigo é o pior? E uma boa pergunta é: qual destes inimigos está prevalecendo em sua vida? O salmista sentia–se injustiçado, traído, perseguido por pessoas e desamparado por Deus! E isso mexia com o seu interior trazendo para fora o pior dele, corrompendo a sua essência, gastando suas melhores energias com algo que não necessariamente aconteceria! Mas aprendemos que do veneno tira-se o antídoto e o salmista nos ensina a: **1.** Fazer perguntas ao coração: a melhor maneira de trazermos a nossa vida à razão e equilíbrio, é fazermos perguntas. Somos movidos à emoção e ela nos trai; no calor da guerra falamos, pensamos e agimos de maneira muitas vezes não sábia e proveitosa. O salmista diz: por que estás abatida, por que te perturbas? Temos que ligar o cérebro e veremos portas abertas por Deus e não um ponto final; **2.** Confiança em quem está sempre CONOSCO: o salmista diz para ESPERAR EM DEUS, e isso não é conformismo, mas sim certeza de que ELE É E ESTÁ CONOSCO SEMPRE, em qualquer que seja a circunstância! **3.** A vitória está mais perto do que nunca: o salmista já estava ensaiando uma canção para o momento da vitória, da libertação, da saída deste estreito. Você já tem um cântico de louvor, gratidão e testemunho preparado? Já está ensaiando? Eu já, tenho vários textos para cada uma das batalhas que enfrento, e são elas que me levam a crer e esperar e mais ainda, já ter uma visão do outro lado do vale da sombra. Cada batalha deve nos levar a uma aproximação mais intensa com Deus. A minha oração neste dia e que eu gostaria que fosse a sua, é que arejássemos as nossas mentes e corações pulverizando com a Palavra de Deus e que pela fé, enxergássemos o que está além do que estamos vivendo, pois temos em Deus o nosso refúgio e nosso Deus, que está e vai conosco e que nunca, nunca nos desampara ou abandona.

PROPÓSITO:

Viver hoje o que Deus já preparou.

SALMOS 45

O NOSSO VALOR PARA DEUS

Hoje o nosso texto é o Salmos 45. Leia por favor atentamente. A vida de cada um de nós é marcada por situações bem adversas. O salmista exalta a Grandeza e o Poder de Deus; mas ao mesmo tempo, conta das circunstâncias difíceis e quase desesperadoras do seu cotidiano. A pergunta inevitável é: vou crer e contar com o Poder de Deus ou vou me sentir derrotado diante de todas as misérias que a vida apresenta? O salmista decide: vou confiar e crer na intervenção decisiva e definitiva de Deus. E você, diante do que está enfrentando e o que virá daqui para frente, que decisão tomará? Eu fiz a minha decisão, mesmo que pareça que as coisas não estão mudando; mesmo que não veja Deus agindo, vou confiar em Deus pois Ele domina, tem todo o controle e fará sempre o melhor para a minha vida. Convido você a que dê cada dia um passo de fé, e isto significa confiar e andar naquilo que você não vê, mas sabe em quem te empurra para frente e tem a segurança em quem tem crido. Como seguidores de Jesus somos chamados a viver pela fé Nele, mesmo sem vê-lo, mas cientes de que Ele cuida dos pássaros e das ervas e que nós valemos muito mais.

PROPÓSITO:

Experimentar a cada momento, quem sou para Deus.

SALMOS 46

A VERDADEIRA ALEGRIA

Hoje o nosso texto é o Salmos 46. Leia, será diferente. Depois de tantos textos de aflições, clamores, desesperos, nos deparamos com um texto de festa, de alegria e de propósitos. Não é bem assim a nossa vida? Há períodos difíceis, mas há também tempos de festas. Este texto trata de um momento especial de um rei que recebe de Deus um período de muito avanço no seu reino e a alegria o leva a louvá-Lo e compor este poema. Vemos também que trata de um casamento à vista e todos os preparativos e implicações da parte do noivo e da noiva. Alguns estudiosos tratam do fato como sendo de um dos reis de Israel. Outros entendem que é real, mas expressa o simbolismo do relacionamento do Noivo que é Deus, com a noiva, a Igreja, que é o Seu Povo. Mas eu gostaria de destacar a bênção e a alegria do pertencimento a Deus, do cuidado que o Noivo tem pela Sua noiva - Seus seguidores, do relacionamento seguro e comprometido que Ele nos oferece. A minha oração neste dia é que eu possa encontrar em Deus toda a minha alegria e realização. A demanda de decisões, de expectativas, de assuntos hodiernos, nos levam a ansiedade, a conflitos imensos internos. Mas que eu nunca me esqueça, que em Deus eu encontro toda a segurança, apoio, direção, provisão, sustentação, amor e aconchego, de uma maneira infinitamente maior que um noivo pode oferecer a sua noiva, mesmo o noivo sendo um rei. Convido você a que juntos vivamos hoje nos braços do Noivo, que é o Grande Deus, seguros de que somos amados por Ele, cuidados e que Ele tem o melhor para nos oferecer. Que possamos ama-Lo com todas as nossas forças, expressarmos em ações a nossa admiração e que a nossa vida seja uma declaração de amor constante ao Nosso Amado Deus. Que tenhamos alegria em dizermos que somos Dele e a segurança de que Ele é o Nosso Deus.

PROPÓSITO:

Elabore uma declaração de amor a Deus.

SALMOS 47

GUERRA? PAZ DE DEUS

Bom dia queridos... um dia muito especial a todos. Vivemos tempos de muita insegurança; são catástrofes, violência... E o resultado disso é o medo. Andamos pelas ruas e não conseguimos diagnosticar quem está ao nosso lado e isso gera medo. Saímos de casa e não sabemos se retornaremos e isso gera medo. Vamos dormir e quantas coisas podem acontecer e isso gera medo. Quanto medo, medo, medo! A expressão **não tenha medo** aparece na Bíblia 365 vezes, ou seja, uma para cada dia do ano, sem repetir! A fonte desta ordem está em Deus, pois mesmo diante de tudo de ruim que possa acontecer, Ele está no controle e nos diz: **não tenha medo, confie em mim**! Não estamos isentos a todo tipo de calamidade, de distúrbios sociais e insegurança; mas Deus continua sendo Deus. Leia agora o Salmos 47 e veja quantas afirmações o salmista faz, que o assegura uma caminhada bem sucedida, apesar de tudo. O salmista tinha certeza: **1**. Deus é Soberano: ELE é o nosso refúgio e fortaleza, proteção, segurança e suporte, mesmo que o mundo natural vire de ponta cabeças; **2.** DEUS É PRESENTE: mesmo que as nações se levantem umas contra as outras, mesmo que tudo pareça caos, Ele está presente na nossa angústia; não estamos solitários e nem abandonados; **3**. DEUS ESTÁ NO CONTROLE: ELE nos convida a olhar além do caos, a contemplar as Suas obras, Sua reconstrução dos vínculos, e a nos aquietarmos confiantes diante Dele. Há um pano de fundo muito lindo neste texto. A cidade era cercada por muros e os inimigos queriam invadir para destruir o povo. Você já se sentiu acuado? Pois bem, em cada fresta do muro o povo olhava para fora e via os inimigos e lógico: MEDO. Mas Deus é Deus; não precisam temer! Ele está presente e mesmo que tudo pareça adverso, Ele está no meio de Seu povo. O SENHOR dos exércitos está conosco, o Deus todo Poderoso é o nosso refúgio. A minha oração neste dia e eu gostaria de convidar você também, ao invés de ter medo, ansiedade, abatimento, a CRER E CONFIAR EM DEUS. A nossa vida deve ser vivida pela fé, e isso significa de maneira bem prática: sei que a minha e a sua vida estão nas mãos poderosas de Deus e Ele fará sempre o melhor para nós. Isso é fé. Vamos juntos viver hoje pela FÉ unicamente em Deus? Não importa o que esteja ao nosso lado, as más notícias; confiemos em Deus sem vacilar!

PROPÓSITO:

Caminhar a cada instante na certeza de quem está conosco!

SALMOS 48

APLAUSOS PARA DEUS

Hoje o nosso Salmos é o 48. Eu observo que o ser humano vibra intensamente pelo seu time, shows, e tantas outras atividades como formatura, etc; mas e Deus? O texto de hoje é um convite para que prestemos toda forma de expressão, para elevar toda a nossa admiração ao Deus TODO PODEROSO. O salmista faz e convida a todos para exaltarem a Deus por quem ELE É, O SEU DOMÍNIO, A SUA ALIANÇA COM O SEU POVO, SEUS ATOS PODEROSOS; enfim, há muita alegria e motivos, para falar bem do Nosso Deus. Hoje o meu convite é para que tragamos à memória quem é Deus em nossa vida, o que Ele tem feito e a certeza de que continua sendo o mesmo Deus e utilizemos todas as formas para engrandece-Lo, exaltá-Lo, com toda a nossa alegria, entusiasmo, força, forma e motivação. Ele merece, é digno, mesmo que ainda existam alguns assuntos não respondidos - confie; coloque alegria no coração ao invés de tristeza, confiança ao invés de dúvida e cante com toda as suas forças hinos, cânticos e declarações de amor a Deus, pois Ele é o Nosso Deus.

PROPÓSITO:

Que tal compor uma frase, uma poesia, um cântico, onde expressemos a nossa admiração para com Deus.

SALMOS 49

RECONHECENDO DEUS PRIMEIRO

Ontem batemos palmas para Deus como forma de expressão da Grandeza de Dele. Ele precisa disso? De jeito nenhum; mas por outro lado, por que não expormos os nossos sentimentos de reconhecimento da Sua Grandeza? Acho muito engraçado pessoas baterem palmas para belos musicais, gol do time, um brilhante discurso; e para Deus? Pois bem, eu tenho muitos motivos para aplaudir Deus! Hoje o nosso texto é o Salmos 49, que vem em uma sequência de relatos da Soberania Divina na história do povo de Deus. Este de modo específico descreve QUÃO GRANDE É O NOSSO DEUS, reconhecido pelo Seu Povo, pelos inimigos que tentam, mas não conseguem vencê-Lo e finalmente por todos os reinos humanos. Você já parou para pensar e refletir sobre quem é Deus? O Seu poder sobre tudo e todos, em todos os tempos? A Sua Presença é notada por todos os seres humanos que se curvam diante da Sua majestade. E o que me comove é que apesar de quem Ele é, se relaciona com gente como eu e você. Somos conhecidos Dele pelo nome, nossas peculiaridades e exerce um favor imerecido em nosso favor. A minha oração neste dia é que eu tente compreender quão grande é Deus e o Seu amor por mim; que eu nunca duvide de que Ele se interessa pelos mínimos detalhes da minha vida e oferecerá tudo aquilo que necessito e que me convoca para realizar em mim, Seus propósitos. Que a minha e a sua resposta a tudo isso seja de rendição, dedicação e gratidão. É maravilhoso demais este presente de ter o Deus todo Poderoso se relacionando conosco.

PROPÓSITO:

Vamos desfrutar e ter alegria em caminhar com Ele?

SALMOS 50

MANTENDO A ESSÊNCIA DE DEUS EM NÓS

Hoje o nosso texto é o Salmos 50. O salmista descreve de uma maneira muito realista um dos maiores desafios do ser humano: a ambição de confiar em si mesmo. Esse autocentrismo, fruto de uma imagem egóica e narcisista, de se considerar o melhor, de se iludir achando que tem tudo e que não precisa de mais nada; e que pode fazer o que quiser no mundo por quem é e pelo que tem! Você já viu esta cena? Você é essa pessoa? Você por vezes se coloca nesta condição de superioridade? O autor mostra que tudo isto é vaidade, e nas palavras de Salomão "é correr atrás do vento", pois a crise chega, a enfermidade derruba, o ladrão rouba e a morte chega sem pedir licença e tudo fica aqui, até a imagem que construímos de nós mesmos que é tão frágil. Nestes anos de vida que tenho, já constatei que: **1.** Há pessoas que passaram pela história e que morreram e ninguém lembra, até a família com o passar do tempo, seguiu seus caminhos e tudo ficou apenas num jazigo; **2.** Há poucas pessoas que deixaram um legado, que marcaram a história humana, não pelo que tinham, mas por quem eram! Vejo um cenário de muitos anos, de pessoas que amontoam para si muito patrimônio (e não vejo mal nisso), mas o mal está em tornar-se o seu próprio deus e chega um momento que a pessoa é tão superficial, tão verniz tudo isso, que os relacionamentos se tornam uma exposição mal feita de marketing pessoal. É horrível viver e conviver com pessoas tão fúteis! E pela leitura do texto vemos que este assunto é antigo. Mas o salmista nos convida a uma decisão madura e real: depositar a nossa confiança unicamente em Deus e não desviarmos o nosso olhar e nem o nosso coração em outro propósito de vida, pois tudo é vaidade, periférico! A minha oração neste dia é que eu possa ter bem claro diante de Deus o meu verdadeiro tamanho, o que é verdadeiramente essencial para a minha existência e que tenha sempre o discernimento para ser o melhor e dar o melhor de mim para as pessoas. Que como seguidor de Jesus não permita que a minha essência seja comprometida por valores tão banais e circunstanciais! Convido você a que juntos confiemos tudo o que somos e temos a Deus e vivamos a simplicidade da vida com Ele.

PROPÓSITO:

Manter preservada em mim a imagem e semelhança de Deus.

SALMOS 51

DEUS FALA

Hoje o nosso texto é o Salmos 51. Leia por favor com muita atenção. O Deus Altíssimo, Soberano e Rei das Nações toma a Palavra e inicia o Seu discurso. Mas é interessante que Ele apresenta toda a Sua Criação para fazer o convite para profunda adoração ao Criador; ou seja, Ele criou tudo e todos e agora há um testemunho vivo de reverência a Deus. Mas Ele foca em dois públicos bem distintos: os Seus seguidores e os que deliberadamente se voltam contra o Seu Senhorio. Ele declara que está atento a tudo e todos os movimentos são acompanhados; enfim vê tudo, ouve tudo, sabe de tudo. Mas há no coração de Deus uma mensagem que não sai de moda e que é atualizada a cada manhã: oportunidade de recomeçar! A grandeza de Deus, SEUS atributos e Sua forma pessoal de tratar cada pessoa, é um convite a andar com Ele, de relacionar -se, de viver uma jornada onde Ele se apresenta como O TEU DEUS! A Sua Graça e Misericórdia não têm limites e proporcionam uma nova caminhada, onde reina um vínculo de paz entre Deus e cada um de Seus seguidores. O meu desejo neste dia é de desfrutar intensamente deste relacionamento com Deus, de enxergar, ouvir e sentir o Seu cuidado, Seu amor, Sua amizade. Em contrapartida desejo expressar todo o meu amor e o prazer em fazer a Sua vontade. Convido você a que juntos possamos viver este relacionamento de amor maduro e comprometedor com Deus a cada instante deste novo dia.

PROPÓSITO:

Caminhar neste dia com os ouvidos abertos para ouvir Deus e os olhos escancarados para ver Seus movimentos na história e na minha vida.

SALMOS 52

O EVANGELHO DE JESUS

O salmos de hoje é o 52. Ele é tido como a descrição de um dos momentos mais complicados da vida do Rei Davi. Digo um dos, pois ele tinha plena consciência de dois fatores que precisamos sempre relembrar para a nossa saúde espiritual e emocional: **1.** Ele tinha a natureza pecadora: ele mesmo afirma que foi gerado com a natureza pecadora, e todo o ser humano é assim; **2.** Por termos o pecado em nosso DNA, cometemos pecados: ele descreve isso e ora chama de pecados, ora de iniquidade. Cabe dizer que a nossa natureza pecaminosa já foi vencida através do sacrifício de Jesus na cruz, onde o pecado foi derrotado; mas ainda persiste em nossa natureza, promovendo barulho e nos incitando a pecar! Esta batalha será final quando morrermos, o que na verdade é desfrutar plenamente da vida eterna com Deus ou quando JESUS voltar e formos transformados de uma vez para sempre; tudo isso pelo que Jesus fez através de Seu sacrifício. Uma pergunta: você já recebeu e confessou publicamente que Jesus morreu pelos seus pecados e aceitou este sacrifício que Ele fez e que te oferece gratuitamente? Bom, voltemos para o texto! Davi, com a sua natureza decaída ainda pelo pecado, cometeu uma série de pecados em toda a sua vida, igual a cada um de nós! E neste Salmos o destaque é quando cometeu os pecados com a mulher de um de seus soldados. Você observou que eu escrevi "os pecados"? Vou listar alguns: **1.** Ociosidade: ele era um guerreiro, Rei, o seu exército estava em batalha; ele por sua vez estava em seu palácio sem ter o que fazer; **2.** Cobiça: estava andando para lá e para cá e de repente observa uma bela mulher tomando banho. Seus olhos cresceram e seu coração se inquietou; **3.** Sentimento de posse: como Rei usurpou a sua função, mandou buscar aquela mulher e colocou-a numa condição de objeto de sua propriedade; **4.** Adultério: tendo-a em seus braços, consumou o processo e em seguida dispensou-a; **5.** Trama: ela concebeu e agora o que fazer? Davi envia uma mensagem ao seu homem de confiança para que dispensasse Urias, esposo da mulher, para que ele retornasse para casa e tivesse vida comum com a sua esposa e assim resolveria o problema; **6.** Homicídio: o homem retornou, mas o seu coração estava no campo de guerra e nada aconteceu; foi inútil a tentativa. Uma nova mensagem é enviada: ponham em um lugar estratégico, para que seja alvo e morra. E foi isso o que aconteceu! Para Davi agora tudo estaria resolvido, pois aos seus próprios olhos o que lhe bastava, era apoiar a senhora viúva de um combatente de guerra que estava grávida. Mas Deus por amar Davi e a todos nós, não se agrada de nada que achamos que podemos esconder Dele, como se não soubesse. Envia um homem que tem uma missão: fazer Davi cair em si e não destruí-lo. Agora entendemos o texto onde Davi nos ensina alguns passos que devemos aplicar a cada momento de nossa vida: **1.** Humildade: reconhecimento de que somos pecadores e cometemos pecados. Quando mencionamos Davi, rotulamos o pecado do adultério, mas vimos que ele cometeu outros. Assim também, cabe a nós entender que os pecados são incontáveis e que todos os que estão vivos, cometem pecados; **2.** Arrependimento: Deus tem sempre razão, e por isso uma confissão a Ele logo após o nosso erro, é o que deseja; **3.** Certeza do perdão de Deus: ELE promete que quando confessamos, nos perdoa e não se lembra jamais; **4.** Oportunidade de recomeçar: Deus nos justifica e nos habilita a continuar na caminhada de fé e dependência Dele e não carregar culpa; **5.** Reconciliadores: Davi diz que ajudará a outros para que se acertem com Deus e não será JUIZ dos erros dos outros. Que alerta para nós: devemos ajudar e não julgar aqueles que estão caídos! Muito bem, diante deste texto imenso, a minha oração e o meu convite a você é que reconheçamos as nossas limitações, apresentemos ao Deus que tudo vê e sabe a nossa vida; andemos dependentes Dele, com temor e um coração cheio de amor pelo que Ele fez e faz conosco, pois conhece a nossa estrutura tão frágil. Que olhemos para as pessoas com olhos da Graça e Misericórdia de Deus e cuidemos, apoiemos e sejamos suportes para que juntos caminhemos em comunhão com Deus.

PROPÓSITO:

Caminhar em profunda dependência de Deus, com os olhos fixos Nele.

SALMOS 53

A BUSCA PELA INTEGRIDADE

Um ilustre personagem da história brasileira fez um discurso e ao final afirmou: "chegará um tempo que o homem terá vergonha de ser honesto", Rui Barbosa. Pelo que lemos no Salmos de hoje que é o 53, que espero que você leia, esta afirmação é muito mais antiga do que os tempos do estadista brasileiro e muito atual em nossos dias de maneira exponencial. Quando pensamos neste assunto, não podemos e nem devemos focar unicamente na classe política ou empresarial; a questão que está em jogo é a predisposição humana de querer levar uma vida autônoma de Deus e isso se caracteriza em uma série de áreas, inclusive na relacional. O salmista grita por que o mal e as pessoas que praticam o mal aos seus próprios olhos, são maioria e as suas ações são intensas, ininterruptas e devastadoras! O que fazer nesta situação tão sistêmica? Como agir para não se envolver nestas práticas que operam nos pensamentos maus, palavras maldosas, ações destruidoras, que se aproveitam para desviarem recursos financeiros e promovendo um caos completo? O salmista reafirma que: **1.** Crê somente em Deus e O teme de todo coração; **2.** Crê que o mal tem seu limite diante da Soberania de Deus; **3.** Zela por não manter nenhum anseio ou participação naquilo que Deus não aprova e **4.** Que toda a sua realização não está em outra pessoa a não ser em Deus. Mesmo vivendo tempos difíceis onde a perversidade, iniquidade, impiedade e a corrupção é tanto dos grandões como dos pequenos, que não nos deixemos contaminar e nem ser cúmplices; mas que confiemos e obedeçamos a Deus, certos de que fazendo assim, estaremos em paz com Ele e não teremos do que nos preocupar. Que sejamos verdadeiros seguidores do Evangelho de Jesus, lendo e vivendo o que Ele nos ensinou, para sermos sal da terra e luz do mundo. Que usemos os nossos pensamentos para exaltar o nosso Deus e ter a melhor perspectiva em nossos vínculos relacionais. Que prezemos por ter atitudes que façam diferença diante de tudo o que vivemos; que nossas palavras sejam recheadas da Graça de Deus, que sejamos honestos e íntegros no uso dos nossos recursos financeiros, nos relacionamentos. Enfim, que a começar de cada um de nós, possamos promover uma contracultura, levantando uma bandeira de integridade e honestidade para a Glória de Deus e o bem-estar na sociedade. Convido você a que juntos caminhemos e vivamos assim.

PROPÓSITO:

Apesar da corrente do sistema, manter-se firme em Deus.

SALMOS 54

O BEM É SEMPRE O VENCEDOR

O nosso texto é o Salmos 54 e espero que você leia atentamente. Leu? Conhece este cenário? Pois bem, observamos que a iniquidade, a incredulidade é bem mais antiga do que a gente pode imaginar. Ficamos extasiados com os fatos atuais, os absurdos e as tragédias humanas, no sentido das perversões humanas, como se tudo fosse feito e não tivesse ninguém que visse e nem consequências! O salmista chama essas pessoas de néscias, idiotas, inconsequentes, que querem fazer e agir como se fossem os protagonistas da vida, o todo poderoso. Mas há um alerta: é estupidez tentar tirar de cena o Único protagonista da história humana que é o Deus Criador, Sustentador e Provedor do mundo. Ele vê, está atento a tudo, age decisivamente em tudo e mantém tudo e todos em Suas mãos. Nos nossos dias, nos defrontamos com o mesmo quadro: parece que as coisas vão de mal a pior; estamos numa rota descendente, que não sabemos o fim que vai chegar. Mas como seguidores de JESUS precisamos crer que Deus tem o controle; Ele não está nem ausente e nem omisso; Ele está segurando a cordinha e no momento certo, puxará para colocar tudo em ordem! O meu pedido a Deus é que eu não entre neste clima de pessimismo e passividade diante do crescimento do mal; que eu seja uma pessoa que busque a Deus e faça o bem, mesmo que eu seja ridicularizado ou prejudicado pelos homens! O meu compromisso continua sendo com Deus e a Sua Justiça. Convido você também a que não se contamine com o sistema e viva o melhor que Deus tem para você.

PROPÓSITO:

Crer que Deus está no controle de tudo, apesar de todas as decisões humanas.

SALMOS 55

UM CLAMOR A DEUS

Hoje o nosso texto é o Salmos 55. Como sempre escrevi, o texto é uma exata expressão da experiência do seu autor e/ou do povo, quer momentos de tranquilidade, quer momentos de lutas e angústias. Neste, o salmista com um grito desesperador, clama ajuda, pois a situação estava além do limite humano; mas nunca de Deus. Uma grande lição que aprendemos é que tudo pode estar fora do controle para nós, mas nunca para Deus! DEUS É O NOSSO AJUDADOR; ELE É QUEM SUSTENTA A NOSSA VIDA. Não existem pessoas e nem circunstâncias que podem tirar esta verdade do coração do seguidor de Jesus. Por isso hoje eu oro: Deus querido, obrigado pela Tua Presença na minha vida. Obrigado por que mesmo que o momento, tanto interno como externo na minha vida e também de quem está lendo possa não ser favorável, declaramos a nossa confiança e certeza de que o Senhor é por nós e que as nossas vidas estão nas Tuas mãos e só nelas. Nos dê força, ânimo e livramento e sempre declararemos a Tua grandeza e o Teu imenso amor para conosco. Oro ao SENHOR por quem está lendo e também por mim: O SENHOR É O NOSSO AJUDADOR; O SENHOR É QUEM SUSTENTA A NOSSA VIDA. Em nome de JESUS, amém.

PROPÓSITO:

Quando tudo parecer nebuloso e controverso, é com Deus que vou falar!

SALMOS 56

ENFRENTANDO O INESPERADO

O nosso Salmos hoje é o 56. Leia com muita calma e tente absorver cada verso, familiarize-se com o escritor e entenda os sentimentos que estão registrados. Esperarei você ler e depois compartilharei um pouco. Bem, uma das certezas que temos nesta vida é a decepção; inevitavelmente passaremos por muitas e parece que vão sendo cada vez maiores e doloridas. A causa principal da decepção reside no fato de criarmos expectativas nas pessoas, que nem nós e nem elas podem cumprir! Triste constatação. O salmista apresenta para nós um problema que ele enfrentou e que se repete: relacionamento. Ele nos afirma que enfrentou dois inimigos: um externo, pessoa que não era de seu círculo de amizade e que por alguma razão se tornou oponente feroz. Leia os primeiros versos e você observará a sua biografia. Mas em seguida, com muita dor, ele descreve um segundo inimigo, que ele o trata de homem igual, íntimo amigo. A sua decepção foi tamanha, que o fez relembrar a caminhada de anos, de comerem juntos, de abrirem seus corações, de até celebrarem a Deus juntos. Havia um laço profundo e que de repente foi quebrado e o salmista se viu traído, abandonado e largado pelo caminho. Você já passou por isso? De cultivar sentimento, emoção, companheirismo e por alguma razão, mesmo que seja real, ver a sua vida sendo destruída por este (s) íntimo (s) amigo (as)? Que perversidade, que impiedade, Deus não age assim. O salmista teve 3 atitudes: **1.** Ira: desejou encontrar e resolver no braço; como li estes dias "raspar a cara da pessoa no asfalto ". Mas ele não fez! **2.** Fugir: ele gostaria de ter asas e voar para longe. Entendia que encontrar tais pessoas, seria tóxico demais e traria inúmeras lembranças e reações; **3.** Confiar em Deus: essa foi a decisão tomada e melhor; Deus, pleiteia esta causa! Ele sabe como nos tratar e também as outras pessoas. Quantas lembranças este texto pôde trazer ao seu coração e que cabe a você analisar como anda este assunto. Certamente você há muito ou pouco tempo pode ter passado, ou quem sabe, ainda esteja sangrando. O poeta popular nos ensina que *"amigo é coisa para se guardar debaixo de sete chaves, dentro do coração"* e quando passamos por momentos assim, desaparece a nossa crença em termos de relacionamentos próximos. Mas nós esquecemos que Deus nos criou para sermos seres relacionais, pois a Trindade é relacional e somos imagem e semelhança Dele. Por isso neste dia, gostaria de convidá-lo (a) a um passo de fé e cura. Precisamos pacificar o nosso interior, termos novamente saúde interior e não nos permitirmos ser roubados da paz que vem de Deus e que está disponível e abundante no seguidor de Jesus. Esta é uma decisão nossa e intransferível; ninguém pode tomar por nós! Por isso decida por transferir todo o senso de justiça para Deus; creia, confie Nele, perdoe a ou as pessoas que se auto-intitulavam seus íntimos amigos, pois quem verdadeiramente é amigo, fala conosco tudo e não nos abandona. Essas pessoas que agem de maneira impiedosa, não devem fazer parte de nossa caminhada; mas ao mesmo tempo não podemos e nem devemos deixar de perdoar, mesmo que não nos venham pedir. O perdão é uma prerrogativa nossa e de mais ninguém. Abençoe em Nome de Jesus a estas pessoas e não tenha desejo de mal. Mas cabe também um alerta: que não façamos com os outros isso que acabamos de ler. Que sejamos dia a dia parecidos com Jesus, cheio de Amor, Graça, Misericórdia e Justiça. É assim que Ele age conosco e assim devemos fazer com os outros. Em 23 versículos encontramos uma história de dor. Que neste texto escrito por mim, que reconheço, foi extenso, encontremos paz com Deus, conosco mesmo e liberdade para seguir em frente completamente curado para a nossa jornada. Uma última notícia: Deus colocará em sua vida amigos verdadeiros, que são conhecidos como "amigo mais chegado que irmãos". Presente de Deus para nós.

PROPÓSITO:

Valorizar mais os ganhos relacionais do que as perdas. Estas perdas podem ser ganhos!

SALMOS 57

DEUS E SÓ DEUS

Como tenho escrito, o livro dos Salmos não são apenas poemas, textos que foram musicados e cantados; é a história viva e real de uma pessoa ou um povo, grito de angústia ou de júbilo; mas é a experiência existencial. Você deve ler hoje o Salmos 57 que é o nosso texto base. Preste bem a atenção: quantas vezes você já leu essa dor do salmista? E quantas mais ainda lerá pela frente nos demais capítulos? E você já passou ou está passando por este momento no seu trabalho, na Universidade, na sua família, nos seus vínculos relacionais? Se sim, você pode notar que está em boa companhia, pois encontrou neste escritor uma afinidade que poderá ajudá-lo (a) a enfrentar e vencer com as decisões tomadas. Ao lermos, observamos que as perseguições, as pressões eram incansáveis e cada vez mais intensas e eu gostaria de destacar algumas atitudes que o fizeram colocar o seu foco no verdadeiro lugar e sair deste fundo de poço, desta inquietação desumana. A primeira foi não ter medo do homem: o salmista se pergunta: por que estou com medo? O que me pode fazer o ser humano? Não é interessante isso? Que poder o inimigo tem sobre nós? É tão frágil, tão limitado. Lembro-me de que Jesus alertou Seus seguidores com esta mesma pergunta: "o que eles podem fazer contra vocês? O máximo é mexer nos vossos corpos". Mas por que ter medo do inimigo? A segunda é confiar plena e absolutamente em Deus: ELE nos alerta 365 vezes em toda a Bíblia a não ter medo e sim confiar Nele de todo o nosso coração. Ele quando nos ordena a não ter medo e confiar Nele, está afirmando com todas as letras, que tem o controle ABSOLUTO de nossas vidas. Nenhum fio de cabelo cai de nossa cabeça sem que Ele permita; inclusive sabe quantos fios há! Devemos confiar em Deus, confiar, dizer para Ele sobre os nossos temores, nossos desejos, nossos anseios e esperar Dele a Sua Soberana VONTADE. E a terceira: a última palavra e decisão é sempre de Deus. Achamos que as pessoas podem nos destruir, decidir o caos sobre nós. NAO, mil vezes NAO. É Deus o detentor dos nossos dias, de nossa história, mesmo que por um pouco de tempo, tenhamos que sofrer. Muito bem, estamos iniciando mais um dia com temores por dentro e inimigos por fora. Que tal encararmos esse dia como o melhor dia de nossa vida? A fórmula para isso? Olhar firmemente para Deus, ter o nosso coração descansado Nele, viver pela fé em Deus, entendendo que se temos a Deus; e tendo Ele, temos tudo, somos maioria. Por favor não se ensoberbeça por isso; tenha profunda humildade, reconhecendo que isso é um ato da Graça e Misericórdia de Deus e não mérito seu. Mas não se acovarde; confie, confie e confie em Deus, independentemente do tamanho do gigante. Creia que Deus é infinitamente maior e mais poderoso! O meu desafio a você hoje é que, juntos tiremos os nossos olhos daquilo e daqueles que podem se apresentar momentaneamente poderosos, e foquemos o nosso coração Naquele que é invencível: o Senhor dos Exércitos, o Grande Deus é o Seu Nome.

PROPÓSITO:

Ter o coração conectado a Deus e seguir em frente.

SALMOS 58

DEUS DOS VALES É O MESMO DEUS DA MONTANHA

Estamos hoje no Salmos 58. Leia com calma o texto Bíblico. Temos lido uma série de salmos onde a essência é a mesma: o salmista está em apuros diante da perseguição, pressão e ações na tentativa de destrui-lo. É interessante que há épocas de nossa vida que, as pancadas vêm, uma atrás da outra; não dá tempo de respiro e lá vem outra! Não posso afirmar se essa sequência é cronológica; pouco provável, mas é real o embate que o salmista enfrenta. Mas ele nos dá dicas, algumas ações definitivas e que servem para nós também: **1.** Procure sempre Deus: ele disse: CLAMAREI AO DEUS ALTÍSSIMO, AO DEUS QUE POR MIM TUDO EXECUTA: ele usa a expressão CLAMAR, que é possivelmente o último termo na escala utilizável em tempos de desespero. Ele tinha certeza em quem podia recorrer e receber auxílio; **2.** No meio da crise ele não está solitário: a tendência humana é de profundo abandono e solidão de todos, inclusive de Deus. Mas mesmo ele estando no meio dos devoradores, ele sabia que DEUS estava firme e forte ao seu lado. Deus não nos impede de crises, mas está sempre presente; **3.** Seu foco não estava nas circunstâncias e sim em Deus: eram armadilhas aqui, pressões ali, traições acolá, mas ele recebia forças de Deus para respirar, decidir e suportar até passar por toda esta tempestade. Em seu peito existia uma certeza: Deus está acima, no controle e me dará a vitória, pois o Seu poder e a Sua benignidade são eternas. Ufa, que crise existencial, mas, quanto aprendizado e que robustez espiritual nos traz. Neste dia não sei como está a sua vida; quem sabe você esteja vivendo uma grande crise na área da saúde, familiar, profissional, financeira, pessoal, afetiva, relacional; enfim, em alguma área que você tem se sentido solitário e impotente. Levante a cabeça e creia que o socorro eficaz vem de Deus. Creia, busque, espere e você verá os benefícios desta jornada com Ele. E o mais interessante: é que seus olhos se abrirão e sua mente se expandirá e a conclusão será: Deus esteve e está sempre comigo; eu estava imerso nos problemas e não notava! Ele sempre está presente. Mas posso ter leitores onde tudo vai bem, e este texto não faz sentido. Um alerta: adversidades são inevitáveis; portanto aprenda nos tempos bons a ver Deus também, pois Ele é o Deus da montanha e dos vales. Vamos para frente confiantes e seguindo o nosso maravilhoso Deus.

PROPÓSITO:

Crer que Deus está presente em qualquer circunstância, até quando não vejo e nem sinto!

SALMOS 59

SENDO AGENTES DE DEUS

Hoje a nossa leitura é o Salmos 59. Leia por favor. É interessante observar este texto; parece um destes noticiários da TV. O salmista nos apresenta um cenário calamitoso: quanta coisa terrível ele estava passando e o seu senso de impotência, diante das aflições, que não eram fáceis de suportar. Estava lendo cuidadosamente o texto e comecei a fazer um paralelo com os últimos acontecimentos de nosso país; a atuação dos atores da época e dos nossos dias tem o mesmo script. Enfim, como escreveu o poeta popular *"a mesma praça, o mesmo banco... Tudo é igual"...* O que o pecado faz na vida das pessoas tornando-as o pior possível, no seu jeito de ser e agir uns com os outros. Que caos e imagine que o Salmos foi escrito há aproximadamente 2.600 anos atrás e é tão real hoje! Mas o salmista nos ensina duas coisas que considero serem determinantes: **1.** Ele falava, confiava e esperava em Deus: toda esta adversidade, essas práticas maléficas e incontroláveis, toda esta injustiça e iniquidade; esta malignidade só tinha uma Pessoa suficiente para conter: DEUS. Por isso era com Ele o desabafo e também, a confiança de uma solução. Precisamos decidir por isso também: são tantas as circunstâncias que vivemos que tentam roubar a nossa paz e prazer em viver. Ao invés de sermos contaminados por isso, apresentemos com fé, cada uma dessas causas para Deus e deixemos que Ele aja. **2.** O cuidado do salmista em não ser participante, omisso e justiceiro: era tamanha a onda de maldade que era fácil de ser envolvido e fazer parte da galera do mal, aliado desta facção da iniquidade. Usando um termo popular: *"se não posso ir contra, uno-me a eles".* É bem crítico isso, pois nos assustamos com pessoas que de repente, têm posturas incompatíveis com o mínimo de respeito ao ser humano, que vendem a sua consciência para se aliarem aos poderosos ou levarem vantagem. O salmista liga o sinal de alerta para que não seja e nem faça parte disso, pois teme a Deus e sabe que Dele vem a Justiça. A minha oração neste dia é que Deus me dê uma visão real e saudável para viver em uma sociedade doente e entrando em um colapso humanitário. Que eu consiga respirar o melhor oxigênio e não me permita ser intoxicado por este cenário e nem pelos atores, que até podem estar mais próximos de mim do que eu imagine. Que eu esteja com meu coração pacificado em Deus e comigo mesmo e que viva e anuncie a paz em uma sociedade em guerra e com pessoas que adoram destruir as outras. Convido você a que também tome esta mesma decisão e que não se atemorize, e nem se acovarde; mas que erga a sua cabeça e confie em Deus sobre qualquer assunto que tente invadir a sua crença e essência.

PROPÓSITO:
Em profunda dependência de Deus, ir para frente e não se acovardar

SALMOS 60

UM GRITO DE VITÓRIA

Hoje o nosso texto é o Salmos 60. Leia por favor. Como tenho escrito é uma série de textos que foram musicados e cantados pelo povo, para descrever os momentos vividos. Neste texto Davi que era um guerreiro, acostumado a tantos conflitos e adversários, conta-nos que esse processo durava 24 horas por dia: de manhã, de tarde e de noite; não existia trégua e o salmista nos ilustra como sons de animais devoradores, tal era o processo de destruição. Você já se sentiu acuado? Pois bem, o salmista faz alguns pedidos a Deus: **1.** Não me abandone: ele diante de toda essa avalanche, ele clama a Deus misericórdia, libertação e intervenção neste conflito que já durava tanto tempo; **2.** Ele pede juízo de Deus: ora o salmista pede que os mate, ora que os disperse, ora que os cale. Mas ele tinha certeza absoluta que seria de Deus a decisão final e a Ele se submeter; **3.** Um coração confiante e rejubiloso em Deus: as pressões estavam intensas, as ameaças incansáveis, os terrores intermitentes. O salmista conseguia neste processo todo, encontrar em Deus motivos para crer, esperar e bendizer a Deus, por quem Ele era. Nós podemos não estar vivendo literalmente em um campo de guerra, com soldados, trincheiras; mas certamente enfrentamos uma série de lutas que vêm de fora e quem têm o interesse de nos descompensar por dentro, criando impaciência, coração acelerado, irritação, medos e stress! São pessoas, colegas de trabalho, familiares, uma enfermidade, crise profissional, financeira e tudo o mais que se torna um oponente poderoso. O meu desafio continua sendo de ter o meu coração e mente pacificados em Deus, em quem ELE é, Seu Poder e o Seu controle sobre tudo e sobre todos; nunca me esquecendo que Ele é a Pessoa mais interessada em mim. Por isso o meu convite para você é que iniciemos o dia confiantes em Deus, atentos às boas notícias Divinas e não àquilo que vemos e ouvimos. Vivemos um grande momento que é viver pela Fé em Deus. Estou pronto para isso e você? Vamos juntos cantar louvores a Deus, porque Ele é o Nosso Deus e o alto refúgio e o Deus de toda misericórdia.

PROPÓSITO:

Buscar os melhores pensamentos e sentimentos e não se permitir contaminar.

SALMOS 61

A SUPREMA BONDADE DE DEUS

Hoje o nosso Salmos é o 61. É impressionante a leitura e conclusão que temos dos fatos e das pessoas. Em nossa vida se tudo vai bem, é porque somos merecedores, somos muito bons, estamos com créditos com Deus e portanto, Deus está nos honrando. Se as coisas azedam para o nosso lado, é porque Deus está zangado, pecamos e agora temos que pagar. E usamos o mesmo critério para com as outras pessoas, se tudo vai bem, estão em sintonia com Deus; se a aflição e a tempestade arrombam a porta, devem ter cometido sérios pecados. Será isso verdadeiro? Será que Deus age mediante performance? Será que Deus tem um livro de contabilidade para avaliar os nossos créditos (acertos) e débitos (nossos erros) e assim agir contra ou a favor? É óbvio que a lei da semeadura é real: sempre haverá consequências em todas as nossas ações. Mas será esta imagem que temos de Deus real? Deus é tão oscilante em Sua forma de ação? O salmista ao escrever este texto, estava vivendo esse impasse: sentindo-se abandonado, incomodado com o silêncio de Deus e ao mesmo tempo crendo em Sua Soberania e Seu Poder. Só que tudo isso gerava em seu coração crises, dores e insatisfação. Eu gostaria hoje de convidar você para refletir um pouco sobre a Pessoa de Deus. Como você O enxerga? Quais são os Seus atributos? Qual é a visão que Ele tem de nós? Cremos que Ele é Onipresente, Onisciente e Onipotente? Cremos que Ele é Imutável em Seu ser ou está sujeito às nossas ações e instabilidades? Cremos que Ele é BOM e a Sua misericórdia dura para sempre? Cremos que Ele é Amor e nos provou este amor ao enviar Seu Filho Único, Jesus Cristo para morrer pelos nossos pecados? Cremos que Ele é o Deus de todo o perdão? Mediante estas perguntas reflexivas, responda a si mesmo. Caso tenha dúvida, busque ler os Evangelhos de Jesus Cristo, para conhecê-Lo, pois quem conhece a Jesus, conhece ao Deus Pai. Agindo assim, o seu coração será pacificado, você entenderá que em Cristo Jesus há paz com Deus; a culpa dos nossos pecados foram pagas por Jesus e por isso podemos viver seguros em Deus, pois Cristo habita em nós e nada e nem ninguém poderá nos separar Dele. Se estamos vivendo o deserto, Ele está conosco, mesmo que esteja em silêncio. Na prova, o professor fica em silêncio! Que hoje seja um dia e um início de uma jornada ciente em quem temos crido e que Cristo em nós, tenhamos a segurança em qualquer que seja a circunstância. Quero viver assim a cada dia e convido você a que comigo caminhe nesta jornada de certezas e não de dúvidas; de paz e não de guerras; de comunhão íntima com Deus e não de sentimentos de abandono; de um coração pacificado pela Graça de Deus e não de meritocracia.

PROPÓSITO:
Viver cada dia fundamentado em Deus e Seu Caráter.

SALMOS 62

DEUS TEM PRAZER EM ME OUVIR

O nosso Salmos hoje é o 62. Vemos o seu autor novamente expressando a sua profunda humildade e dependência de Deus. Ele invoca ao Único que pode ouvi-lo, agir em seu favor e dar-lhe a completa libertação diante de tantos ventos contrários e tempestades avassaladoras. Queridos, quando temos uma visão completa da Bíblia, seus ensinos; quando nos atemos aos ensinos de Jesus e às dicas que Ele deixou para Seus seguidores, vivenciamos uma nova caminhada com uma visão bem mais definida e nos tornamos seguidores com convicções e não amedrontados e sem foco. As lutas e adversários fazem parte do roteiro da jornada: Jesus enfrentou muitos inimigos e situações adversas e foi vencedor. Ele dedicava grande parte de Seu tempo em uma prática bem antiga e muito eficaz, que vemos o salmista fazendo também, que era falar com o Pai do CÉU. Jesus sabia que o Pai O ouvia e o salmista também reafirma isso. Jesus em cada situação se agradava na Vontade do Pai: o que Ele fizesse estava tudo certo, e o salmista assim age também. Pois bem queridos, qual tem sido a nossa ação diante das lutas e adversários que temos enfrentado há pouco ou muito tempo? O salmista conhecia o seu Deus, Nele buscava e confiava e tinha plena convicção de que a vontade Dele ocorreria; e seria a melhor. Hoje, como seguidores de JESUS, estamos na mesma condição e assim devemos agir. São inevitáveis as adversidades, mas nunca estamos sós! Que invistamos cada vez mais tempo e prazer na comunhão com Deus, sabendo que Nele encontramos força, ânimo, direção e alívio. Que a nossa jornada seja marcada muito mais pelas certezas de Deus do que pelas dúvidas do nosso coração tão enganoso e frágil. Que a nossa caminhada seja de louvor a Deus por quem Ele é, pelas provas incontáveis de Seu amor por nós e que descansemos Nele, pois somos forasteiros; aqui não é a nossa pátria, estamos a caminho, seguros de que Ele está e vai conosco para a casa que Ele preparou. Que assim vivamos hoje e em cada dia que Deus nos conceder.

PROPÓSITO:

Com a companhia de Deus, sou maioria.

SALMOS 63

DEUS, SOMENTE DEUS

O nosso texto de hoje é o Salmos 63. Leia, delicie-se e diga um Amém com muita força. O salmista depois de tantas lutas e adversidades, declara que a sua confiança está unicamente em Deus. Fico imaginando quantas provas maravilhosas ele passou com Deus, onde a Sua Presença foi determinante e que o levou a fazer esta declaração de fé. Somente em Deus, somente em Deus, pois Ele é! Hoje eu gostaria de parar e olhar para trás e fazer esta mesma avaliação do quanto Deus fez em minha vida e crer de todo o meu coração que não preciso ter medo, nem ansiedade, pois eu sei em quem tenho crido e seguir em frente confiante, olhando para Ele e não para as circunstâncias. É de Deus que vem a minha salvação, o cuidado, a provisão, o sustento, a saúde, a paz, a alegria, a misericórdia, o cuidado, o livramento, a doce companhia, a força, a coragem, o discernimento, o amor, a direção, a boa, agradável e perfeita vontade Dele. Por isso, vamos diante de tudo o que Deus é, Sua fidelidade, Seu Poder, Sua Graça e Seu infinito e imutável amor, confiar Nele totalmente e integralmente como sendo a Única Pessoa do Universo. Que o nosso coração não se apegue nunca a um plano B; só em Deus, só em Deus.

PROPÓSITO:

Crer que Deus não tem plano B; a vontade Dele é perfeita!

SALMOS 64

SAUDADES DE DEUS

Há alguns sentimentos bem paradoxais em nossa existência e que são inerentes à nossa vida. Por exemplo a febre: ela é um mal, pois incomoda, nos limita; mas é um bem, pois sinaliza que algo não vai de acordo em nosso organismo e que precisa ser tratado! Hoje o nosso texto é o Salmos 64. Nele o salmista trata de outro sentimento que por vezes dói e por outras vezes acelera o nosso coração e nos traz expectativas de supri-lo: SAUDADES. Esta palavra que só existe em português, é certamente bem ambígua: temos saudades de pessoas que já faleceram, e em épocas, é doída demais, nos traz tristezas, melancolia, lágrimas. Mas há a saudade de pessoas que amamos também e que fazem tempo que não vemos, encontramos, abraçamos. O que ficam são as lembranças e a expectativa de reencontrar a qualquer instante. Ao ler este Salmos, eu noto que o salmista expressa a sua saudade de Deus. De momentos íntimos, pessoais e marcantes. É como se o autor tivesse ido fazer uma viagem e ansiava pelo seu retorno para reencontrar com a pessoa amada. Mas Deus nunca se ausenta: onde estamos, Ele está; mas ele carecia de retomar um relacionamento mais próximo, uma imersão profunda e gostosa, que seria completamente suprida por Deus. Há muitos obstáculos criados por nós para isso; mas o autor desejava e corria atrás para remover e alcançar a maior intimidade possível com o Senhor de sua vida. Ele desejava sentir o seu coração mais aquecido, alegre, uma devoção e rendição plena, por quem Deus era na sua vida; um relacionamento com o Deus relacional e que tem prazer em que isso aconteça. Pois bem, uma boa pergunta para nós é: temos saudades de Deus? Temos tido aquele prazer imenso de busca-Lo em oração, aquela fome em ler a Sua Palavra, aquela disposição para compreender os Seus ensinos e aquela alegria imensurável de tê-Lo na nossa jornada? Podemos afirmar que Deus é a Pessoa que mais temos saudades? O salmista estava numa terra árida, seca e cansada, mas mesmo assim ele tinha saudades de Deus! A minha oração neste dia é de rendição; de dizer a Deus que sinto muita falta Dele e que vou atrás para amenizar esta saudade, pois Ele é o bem maior e a Pessoa mais importante na minha vida. Que estar com Ele me traz todo o prazer e alegria. Analisemos a nossa vida de maneira bem minuciosa; as inúmeras atividades, adversidades nos distanciam de Deus e só recorremos a Ele quando estamos em apuros. Que criemos um hábito diário e contínuo de caminhar com Ele, de relacionar-se com Ele como sendo a Única Pessoa que está conosco. Que este seja o nosso maior projeto: andar lado a lado, de mãos dadas com Ele e desfrutar desta amizade tão leal da parte Dele.

PROPÓSITO:
Iniciar o dia dando um bom dia a Deus e convidá-Lo para a jornada.

SALMOS 65

VENDO COM OS OLHOS DE DEUS

O nosso Salmos hoje é o 65. Leia atentamente. Espero. Parece uma série de repetições não é mesmo? É o autor clamando ajuda a Deus, é a descrição do que ele está passando, uma biografia do seus inimigos e seus intentos e finalmente a renovação da confiança do salmista na ação e justiça de Deus e como consequência o escritor louvará a Deus. Pois bem, depois de muitos milênios não é diferente em nossos dias. Precisamos compreender que como seguidores de JESUS, somos testemunhas (a palavra é mártir) Dele; o nosso campo de ação é de guerra e não um parque infantil. O mundo em que vivemos é hostil pelos princípios e valores de Deus que vivemos; e o final da história é, que Deus sempre AGIRÁ em favor de Seu Povo, baseado em Seu Caráter que é Imutável e firmado na Sua justiça. Diante disto, o que fazer quando estamos enfrentando tantas lutas e sofrimentos? Que resposta Deus nos dá para que possamos encarar e enfrentar estes tempos maus que parecem que vão nos fazer sucumbir? Devemos: **1.** Falar com Deus com toda a nossa sinceridade: ELE sabe quem somos, o que passamos; nada é imperceptível para Ele. Portanto temos o privilégio de abrir a nossa boca, rasgar o nosso coração diante Dele e expressar em palavras, o que estamos passando e sentindo. Você já parou para pensar no privilégio que tem de ter acesso ao Único Deus, o TODO PODEROSO através de JESUS? **2.** Confiar e esperar: essas duas palavras e ações andam de mãos dadas. Deus quer que reconheçamos que Ele é digno de nossa confiança e isso significa que Ele se interessa por cada um de nós, nossos assuntos, nossas necessidades! E diante disto podemos descansar Nele; pois está trabalhando e no momento certo acontecerá. E esse momento certo é no tempo que vivemos, pois Ele vive na perspectiva da eternidade, onde tudo já está pronto. Mas como vivemos neste nosso calendário, vai acontecer na vontade Dele, determinada na eternidade. **3.** Usar o antídoto certo: contra a inquietação, ansiedade, murmuração, exalte e engrandeça a Deus pela fé, sem ter acontecido, através de declaração do quanto Deus é Bom em todo tempo e em TODO TEMPO DEUS É BOM. Não podemos nunca esquecer que o seguidor de Jesus vive pela fé, pelo que não vê, mas crê; pelo que não aconteceu, mas que espera em Deus. Diante disto, eu não sei o que você está passando ou enfrentando, mas te convido a que juntos caminhemos com muita confiança em Deus, na certeza de que Ele vai junto conosco e Ele estando conosco e em nós, não temos nada a temer!

PROPÓSITO:

Aquilo que somos particularmente com Deus, é o que verdadeiramente somos.

SALMOS 66

RELACIONAMENTO PESSOAL COM DEUS

Hoje o nosso texto é o Salmos 66. O salmista traz um cenário bem vívido da Grandeza e do Poder de Deus no mundo e na história. O escritor apresenta Deus como Aquele que é o Único e digno de ser adorado, reverenciado e admirado; e apresenta algumas razões: **1**. Por ouvir as orações: é maravilhoso demais saber que não falamos sozinhos, não jogamos palavras ao vento e que mesmo quando não conseguimos expor o que sentimos em palavras, temos um Deus que lê e vê o nosso interior e nos é sensível; **2.** Ele perdoa os nossos pecados: ELE conhece a nossa natureza, sabe de nossas limitações, vê nossos caminhos e nossas ações. Mas a Sua misericórdia e a Sua Graça são INFINITAMENTE maiores que tudo isso. Lamentavelmente acreditamos que Deus olha para nós só para ver onde erramos, fica contando quantos pecados cometemos por dia e tem prazer em nos punir. Quem vê Deus assim precisa concluir que não conhece ainda o verdadeiro Deus, que sabendo quem somos, por amor a nós, enviou o Seu Único Filho Jesus, para morrer na cruz e pagar todos os pecados, os já cometidos, os que ainda são e os que serão: ESTÁ CONSUMADO, a dívida foi paga por Jesus e ponto final! **3.** Oportunidade de intimidade com Deus: na perspectiva do Antigo Testamento, o lugar do Culto e da Adoração era o templo. Com a vinda de Jesus o lugar desta devoção é o nosso coração e isso significa que onde estivermos e o que fizermos, somos convidados a desfrutar da intimidade de Deus e Ele se alegra em ter esse relacionamento conosco. Lamento muito que pessoas percam este convite ou não entendam o que é Cristo em nós, dentro de nós, confortando, ministrando, exortando, encorajando, intercedendo, modelando o nosso interior. O resultado é uma vida de confiança, por conhecer e ser conhecido de Deus e ter em nossos lábios verdades gloriosas sobre Ele e atitudes que expressam a Sua Presença em nós. Por isso neste dia gostaria de convidar você a que aprofundemos este relacionamento com Deus através de JESUS CRISTO; só através Dele... Ele não precisa e nem autorizou outro mediador. Que possamos dizer constantemente: tenha misericórdia de mim Deus, preciso do Senhor. Que digamos coisas belas e maravilhosas sobre Deus- não jargões ou frases feitas; mas que declaremos o que Ele tem sido e feito em nossa vida! Que resgatemos cada um dos Seus cuidados para conosco, e que diante de cada desafio do dia, creiamos que para Deus é oportunidade Dele demonstrar todo o Seu Poder.

PROPÓSITO:

Experimentar sempre momentos novos com Deus.

SALMOS 67

O DEUS QUE NÃO DESISTE DE AMAR

O nosso texto de hoje é o Salmos 67. Por favor, para seu crescimento, leia o texto Bíblico primeiro e depois as minhas considerações. Hoje o nosso texto é um convite para que a nossa percepção e visão sejam somadas e concretizadas em reconhecimento da Grandeza do Único Deus. Após a queda e até os nossos dias, constatamos que a Criação de Deus tem sido contaminada por ações que tentam destrui-la. Há no coração humano a tendência de destruir o que foi realizado, apagando assim a história do Seu Autor. Aparentemente parece que são bem sucedidos, a ponto de muitas vezes, acharmos que o mundo está numa ladeira à baixo sem freio. Mas Deus continua sendo Deus; Soberano, tem o Domínio de tudo e de todos e continua no Comando da História humana. E o autor nos faz este convite para que percebamos e vejamos as maravilhas de Sua Pessoa em todos os movimentos. Mesmo quando passamos por momentos difíceis, onde parece que não tem jeito, Ele intervém de maneira decisiva e nós saímos mais amadurecidos e com um coração mais adorador. Mas o salmista nos aponta mais um presente de Deus: apesar de toda a Grandeza de Deus, Ele continua sendo acessível a nós, onde e como estivermos; independentemente do assunto, Ele está pronto a nos ouvir e atender a nossa oração. Sabe, creio que você como eu, tivemos pessoas comuns que mantínhamos contato e que em um determinado momento da história, tornaram-se ilustres e consequentemente inacessíveis e até se esqueceram de nós; não fazemos mais parte do rol de amigos! Eu passei por isso; mas louvado seja o Grandioso Deus que não nos rejeita, nem a nossa oração e nem aparta de nós a Sua Graça. A minha decisão e também te convido, é para que possamos valorizar muito a Deus, observarmos com muita atenção os detalhes de Sua Pessoa e Criação; de buscar vê-Lo em cada situação da história e também na nossa vida e desfrutar intensamente deste canal de amizade e intimidade que é a oração. Como disse o poeta: "NA ORAÇÃO ENCONTRO CALMA, NA ORAÇÃO ENCONTRO PAZ... GRANDE É O NOSSO DEUS E AS OBRAS QUE ELE FAZ ".

PROPÓSITO:

A oração é a forma de conexão com Deus que nunca está ocupada e nem desativada. Então, não percamos oportunidades.

SALMOS 68

DEUS E SEU PRAZER

Hoje o nosso texto é o Salmos 68. Leia por favor; só fará sentido se você ler com muita atenção o recado de Deus para nós. Depois, aí sim, leia esta reflexão. Quero iniciar fazendo uma afirmação: A ALEGRIA DE DEUS É NOS ABENÇOAR EM TODAS AS ÁREAS DE NOSSA VIDA. Surpreendente isso para você? Espero que não! Se você é seguidor de Jesus sabe muito mais do que ninguém, que Ele tem dado provas do Seu amor para conosco e a maior foi Jesus para morrer na cruz pelos nossos pecados e ressuscitou para nos oferecer um relacionamento novo e vivo! A cada dia Ele nos abençoa; hoje acordamos, temos vida, ar para respirar, alimento, mobilidade, visão, tato, audição, paladar, oportunidades e temos a Sua companhia conosco. O salmista brada com todas as suas forças esta afirmação: Senhor continue nos abençoando e resplandecendo o Seu rosto sobre nós. Que declaração brutal! Ele anseia por isso não só para benefício próprio, mas acima de tudo, para que Deus seja reconhecido e adorado por todas as pessoas. Este é o intuito da afirmação que fiz anteriormente: Deus nos abençoa para que as pessoas vejam, creiam e O sigam! Ele expressa o Seu cuidado em toda a Criação, no exercício da Justiça, no suprimento de todas as necessidades humanas. Por isso, Deus tem alegria em nos abençoar, para que seja reconhecido por todos! Hoje gostaria de que juntos, tivéssemos uma decisão: ver Deus em cada situação da nossa vida. Ao invés de perguntar: Deus por que estou passando por isso? Deus por que aconteceu isso comigo? Você perguntasse para Deus: o que o Senhor quer que eu faça a partir desta situação, pois Tu tens prazer em me abençoar. Vamos fazer este exercício neste dia? Não se esqueça: Deus tem prazer em te abençoar!

PROPÓSITO:

Viver mais das certezas de Deus do que as dúvidas do coração.

SALMOS 69

TRAZENDO A MEMÓRIA

Hoje o nosso texto é o Salmos 69. Nele o Salmista relata a Grandeza, DOMÍNIO, SOBERANIA, AÇÕES DE DEUS EM TODA A SUA HISTÓRIA E DE SEU POVO AMADO. A sua ação é específica: Deus agindo em todos os momentos e isso o levava a EXALTA-LO. Neste dia eu gostaria de convidar você a que pudéssemos exercer aquilo que Jeremias fez e nos convida no livro de Lamentações: "quero trazer à memória o que me pode dar esperança ". Que relembrássemos as ações, cuidados e intervenções de Deus em nossa história, de nossa família; daqueles momentos críticos onde achávamos que era o fim, mas era apenas o começo. Que neste exercício nos fortaleçamos e possamos olhar além do horizonte que vemos. Que os nossos olhos e nossos corações e mentes estejam colados em Deus, pois Ele tem dado provas imensas de que ELE É FIEL. A Sua Fidelidade é em Si Próprio, mas não deixa de dizer a cada um de nós, que podemos confiar Nele. Por isso pacifique o seu coração diante de tantos assuntos que até agora você não tem resposta ou direção de Deus. Pacifique o seu coração em Deus que nos diz para crer e não duvidar; confiar e não temer. Essa é a minha oração neste dia e gostaria de convidar você a juntos caminharmos nesta jornada de fé.

PROPÓSITO:

Traga à memória o que Deus tem sido e feito em sua peregrinação espiritual.

SALMOS 70

O DEUS INCANSÁVEL

O nosso texto de hoje é o Salmos 70. Leia por favor... é necessário... Não terá sentido se você não o fizer. Você já se sentiu esquecido por Deus? Você já enfrentou a situação de não sentir Deus presente nas suas lutas? Você já se sentiu abandonado, no fundo do poço e cada vez que tentava se apoiar, escorregava e ia mais fundo? E aí você se via solitário até de Deus? Quero te afirmar que você é normal e que muitas pessoas passam por isso. O salmista narra uma mistura de experiências e sentimentos que certamente nos identificamos. Mas o que eu sempre destacarei são as lições que aprendemos, pois se há uma certeza em nossa vida, é que enfrentaremos lutas e mais lutas; tenho aprendido que é do veneno que tiramos o antídoto! E o salmista mesmo expondo todas as calamidades e sentimentos vividos, nos mostra algumas verdades essenciais para a nossa jornada: **1.** Dependência completa de Deus: todas as situações vinham de maneira violenta contra ele; até pessoas queriam destrui-lo. Mas ele recorria a Deus como seu Salvador, Socorro e Libertador. Buscamos soluções internas, estratégias e ajuda de outros; tudo isso são belas iniciativas, mas não são eficazes. Temos que humildemente buscar a Deus e à Sua direção; **2.** DEUS nos conhece e também a nossa causa: ELE sabe e vê tudo; nada lhe passa despercebido e nada acontecerá que Ele não saiba e que não tenha o controle ABSOLUTO. Portanto sinta-se confiante da companhia de Deus em sua jornada; **3.** Deus está sempre aberto a relacionamento conosco: ELE é Pessoal, tem prazer em se relacionar conosco; é Seu prazer nos ouvir, ser procurado e se realiza em agir em nós e nos tratar. Deus está nos Céus, mas está aqui conosco; vai ao nosso lado e vive na vida de Seus seguidores; **4.** Convite a ver as Suas ações: nosso foco na maioria das vezes está no caos que estamos vivendo; um resultado de exame ruim, um relacionamento destruído, uma circunstância irreversível, uma crise sem perspectivas. Deus nos convida a subir um degrau para vermos o Seu trabalho constante dia e noite por nós. Ele é o Deus que age, que vai até o fim em toda a Sua empreitada, para a Glória Dele e nosso benefício. Releia isso: o objetivo de Deus é a Sua Glória e como consequência o nosso bem! Neste dia, quando paramos e avaliamos como está a nossa caminhada; lendo o texto e certamente, muito identificados com o salmista, convido você a que juntos creiamos de todo o nosso coração que Deus continua sendo Deus em detrimento de qualquer circunstância que estejamos vivendo. Que não achemos nunca que estamos sós nesta batalha: Ele nos ama, Ele é BOM e não desiste de nós. E que sigamos em frente à partir da Sua visão, certos que Ele faz infinitamente mais.

PROPÓSITO:
Conhecer mais a Deus e experimentar as Suas ações.

SALMOS 71

DEUS ACIMA DE TUDO

O nosso texto de hoje é o Salmos 71. O salmista vivia uma situação bem adversa e muito desconfortável, a ponto de ver que a sua vida estava por um fio. O que fazer? Ele roga a Deus livramento: havia em seu coração uma profunda convicção de sua total impotência e por isso gritava por socorro a Deus. Há sempre assuntos em nossa vida que não conseguimos dar conta; mas temos a quem recorrer e Ele nunca nos rejeita e nem ignora um clamor. Ele tinha a certeza absoluta da transitoriedade da vida: tudo passa.. Mas na verdade é que tudo está limitado à ação de Deus. Ele não nos impede de enfrentar adversidades: mas nunca será além do que podemos suportar! Ele sempre age decisivamente em nosso favor e essa intervenção, vem sempre acompanhada de surpresas que nos levam a crescer em confiança Nele e expressarmos a nossa admiração. Hoje está um dia difícil em nossa região: desde ontem, muitas catástrofes vêm ocorrendo por causa da intensa chuva. Muitas pessoas desabrigadas, perdas inumeráveis de bens por causa da invasão violenta da água nas residências; outros ficaram ilhados sem poder ir para frente ou para trás, gente que não dormiu para ficar atento ao avanço da água, pessoas sendo resgatadas e infelizmente mortes. O que pode nos trazer esperança à semelhança do salmista? Clamar a Deus por socorro e crer que Ele tem o controle sobre tudo; age decisivamente e supre cada uma das necessidades. Hoje a minha oração é essa: Senhor socorre-nos; mas sempre com convicção, pois sei que DEUS está vivo e que não está insensível ao momento que vivemos. Enfrentemos o dia de hoje não com o cenário pálido, mas confiante de que depois da luta, vem a bonança.

PROPÓSITO:

Crer que na tempestade ou na bonança, Deus continua sendo Deus.

SALMOS 72

ENVELHECENDO POR FORA, RENOVADO POR DENTRO

Muito bem, acordamos e isso significa: **1**. A misericórdia, que é o amor constante e leal de Deus foi renovado; **2.** Oportunidade: Deus está nos dando mais um dia e nele teremos a oportunidade de aprender mais lições com o Nosso Mestre Jesus; **3.** Estamos envelhecendo: um dia a mais de vida, de experiências, de aprendizado. O Salmos de hoje é o 72, mais conhecido como o salmo do idoso. O salmista invoca a Deus, Sua Graça, Misericórdia, Amor, Afeto, Companhia, pois é testemunha que Deus foi determinante e existencial em toda a sua jornada, desde quando estava no ventre da mãe até estes dias. Pede muito para que isso se some até o último dia de sua vida, para declarar à sua geração e descendência a Grandeza e a história de Deus em sua vida. Diante disto, a minha oração neste dia é de profunda reflexão, de trazer à memória a história de Deus na minha vida, para me alicerçar e fortalecer na continuidade dela, certo de que Ele está e vai comigo até o fim. E quando chegar o fim aqui, será o início da eternidade com Ele lá. Convido você, seguidor de Jesus, a que desfrute da doce companhia, da intimidade crescente Dele e com muita gratidão pelo que Deus tem sido em sua história. Desfrute com segurança daquilo que ainda Ele tem para oferecer, não com temores, mas com confiança; não amargurado, mas com alegria; não com pessimismo, mas cada vez mais enriquecido de que diferentemente de nós, Deus continua firme, forte e disposto a realizar em nós cada um de Seus propósitos.

PROPÓSITO:

Estou vivo; o que Deus quer realizar em mim e através de mim hoje?

SALMOS 73

O MELHOR DE DEUS EM NÓS

Hoje o nosso Salmos é o 73. Leia por favor. Tente se imaginar vivendo hoje aqui no Brasil esta realidade. Davi aqui nos apresenta um cenário de muita justiça e paz; onde os bons e os maus estão distantes, onde as pessoas vivem em segurança; onde há abundância na alimentação e acesso a todos. Que coisa maravilhosa! Utopia? Aos nossos olhos quando vemos o que acontece dia a dia em nosso país e no mundo, poderíamos dizer que sim! Mas o salmista clama a Deus para que isso aconteça; ele anseia pela Vontade e Justiça de Deus sendo exercida através dos juízes e de todas as pessoas. Ele roga pela paz de Deus, para que seja um estilo de vida entre as pessoas. A minha oração hoje e eu gostaria de desafiar você também, é que busquemos a Deus com muita disposição; que tenhamos um desejo enorme de ter intimidade com Ele. Que nos alimentemos de Sua Palavra, que aprendamos com Jesus como se relacionar com as pessoas e que assim experimentemos um pouco do que é viver em uma sociedade a partir dos valores e princípios de Deus. Que a nossa confiança e dependência estejam unicamente em Deus e que não abramos mão disso em hipótese nenhuma. Que não saiamos nem para a esquerda e nem para a direita na jornada com Ele; que não busquemos atalhos; mas que vivamos o verdadeiro Evangelho de Jesus que é marcado pelo amor, justiça, paz e misericórdia. Que tenhamos o nosso coração pacificado em Cristo e que hoje seja o melhor dia de nossas vidas. Esta é a minha oração e gostaria que assim você orasse e vivesse.

PROPÓSITO:

Crer de todo o coração que Deus tem o melhor.

SALMOS 74

O PERIGO DE OLHAR PARA OS LADOS

Hoje o nosso Salmos é o 74 Leia por favor atentamente e depois farei algumas perguntas. Muito bem, já leu? Está pronto para algumas perguntas? Quantas vezes você não ficou indignado com o sucesso daqueles que não tem compromisso com Deus? Você se viu perguntando a si próprio de que vale ser correto? Demora para acontecer na sua vida algumas situações e na vida de outros tudo é rápido? Que reação você tem? Quantas vezes você em aflição e outros levam a vida numa boa? Quantas vezes você não perguntou: por que as coisas para mim são mais difíceis do que para os outros? Você fez uma comparação de seu currículo moral e espiritual com outros e constatou que você merecia um tratamento mais especial de Deus do que outros? Pois bem, não se assuste, estas e outras mais, foram as perguntas que o salmista fez para Deus! O que é ruim, é que isso tem nome: inveja! E isso não agrada a Deus! Mas à semelhança do salmista algumas etapas também passamos: **1.** Ele sabia quem DEUS é: ele diz: Deus é Bom; **2.** Visão distorcida de Deus: este é um dos maiores problemas do ser humano- a projeção que fazemos de Deus. Apesar de sabermos que Ele é Bom, temos uma sede de justiça própria e quando vemos que Deus não age como esperamos, azeda tudo. Ou então achamos que por estarmos ligados a Ele temos uma carta de isenção de sofrimento. Por isso o texto se divide assim: **1.** Uma declaração sobre Deus; **2.** Uma dura constatação sobre a realidade da vida; **3**. A tentação em jogar tudo para cima, por ver que não vale a pena ter compromisso com Deus; **4**. A conscientização de quem é Deus e **5**. Reafirmação de confiança em Deus e não nas coisas e nem nos cenários transitórios. Por isso neste dia convido você para que juntos foquemos somente em Deus, meditemos Nele, ouçamos Ele e fixemos o nosso coração na boa, agradável e perfeita vontade Dele. Se fizermos ao contrário entraremos em comparação e consequentemente uma crise de fé. O que foi determinante na jornada do salmista foi quando ele humildemente, acorda do delírio da comparação, que ele chama de "ir no templo". Nós somos o templo de Deus e nada como um momento mais profundo de comunhão intima e reflexão, com Ele, para que tenhamos a clareza de que só vale a pena caminhar com Ele; mesmo que tenhamos que passar por vales, sofrimentos, injustiças, dores, crises variadas, coisas que outros não passam. Mas há a grande vantagem: Deus está sempre conosco e o fim é glorioso! A minha decisão e convido você, a que confiemos da cabeça aos pés, de dentro para fora, de trás para frente, somente em Deus e não vacilemos naquilo que vemos, pois somos seguidores de JESUS que vivem pela fé, sem saber e nem ver, mas convictos de quem nos dirige.

PROPÓSITO:
Viver a minha vida a partir da perspectiva de Deus e não do que vejo.

SALMOS 75

VIVENDO EM UMA SOCIEDADE NÃO CRISTÃ

Hoje o nosso texto é o Salmos 75. Leia por favor. Nós carecemos demais de conhecer a Deus; nos inquietamos, nos atemorizamos, nos retraímos e sem forças para confiar Nele sem vacilar, diante de tanta impiedade, violência, bagunça generalizada e uma aparente neutralidade de Deus. O mundo "aos nossos próprios olhos" parece um caos; está em uma derrocada onde o mal é sempre o vencedor! Não é esta a percepção quando lê os jornais, assiste as matérias televisivas sobre as desgraças reinantes e que semanalmente acontecem e você se pergunta: Cadê Deus? Pois bem essa história é muito antiga, tanto quanto o questionamento! Mas como o salmista, nós devemos refletir e observarmos que em detrimento de tanta maldade e perversidade, Deus continua sendo Soberano, exercendo o Seu domínio e tem o controle sobre tudo e sobre todos. A pergunta é: por que Ele permite todas estas coisas? Eu responderia: por causa da dureza do coração humano e perverso, para que seja exposta a maldade do homem versus a Bondade de Deus e ocorra uma consciência e arrependimento do ser humano e uma volta real e verdadeira para Ele. Se não fosse a bondade e a misericórdia de Deus, Ele há muito teria consumido completamente a humanidade, inclusive eu e você, pois somos pecadores. Mas Deus é longânimo e oferece a cada dia a oportunidade de reconhece-Lo e de devotarmos completamente a nossa vida a Ele, como uma expressão de Culto. O meu desejo nesse dia é de buscar uma maior intimidade com Deus, de conhece-Lo mais e isso através da Pessoa Gloriosa de Jesus. De ler a Sua Palavra para pensar, falar, sentir e agir como Jesus. De ter a disposição de ser moldado por Ele e de expressar a essência de Jesus em cada momento deste dia, como um seguidor Seu. E que tenha sempre a certeza, de que DEUS continua sendo DEUS e que o meu e o seu papel, é reconhece-Lo em todos os nossos caminhos. Convido você a que vivamos neste dia com esta disposição e que se torne o nosso estilo de vida em todos os dias de nossa existência, mesmo vivendo em uma sociedade descomprometida com Deus.

PROPÓSITO:

Vivermos em um sistema que está na contra mão de Deus, para fazermos diferença.

SALMOS 76

GRATIDÃO

Hoje o nosso texto é o Salmos 76. O salmista exalta, elogia, engrandece, agradece, é sensível em reconhecer a Grandeza de Deus e o Seu Domínio. Eu, lendo o texto me perguntei: tenho elogiado a Deus? Tenho expressado a minha admiração aos Seus atributos, ou o meu relacionamento tem sido só de pedir, pedir, reclamar, murmurar? Deus precisa que eu fique elogiando? Absolutamente não, mas a questão não está Nele e sim em mim; em ter um coração sensível, agradecido, que reconhece a Pessoa maravilhosa e Grandíssima que Ele é. Muitas vezes elogiamos tantas pessoas e gostamos também disso e não somos gratos a Deus por quem Ele é e os Seus atos gigantescos para nós. Por isso convido você hoje, a que em cada momento e oportunidade, falemos bem de Deus; destaquemos sempre o Seu cuidado e O reconheçamos em todos os nossos caminhos.

PROPÓSITO:

Listar pelo menos 5 motivos de gratidão a Deus.

SALMOS 77

CRESCENDO EM DEUS

Hoje o nosso texto é o Salmos 77. Leia atentamente. O salmista nos convida a viver e enxergar além do óbvio. Ele não ignora o sistema humano com suas ações e desmandos; a pressão da iniquidade e da maldade. Mas há Alguém que está acima de tudo isso e que detém todo o Poder, a ponto de limitar todo este poderio perverso. Deus está Presente, Ativo e Atuante em toda a história, pois Ele é o Personagem Principal da História; tudo o demais apenas faz parte da história, nada mais. Por isso o salmista nos impulsiona a olhar, crer e viver baseados unicamente em Deus e não imersos nas calamidades do mundo e da nossa vida. Como seguidores de JESUS somos momento a momento convidados e desafiados a viver pela Fé; e isso significa viver não naquilo que vemos e sim em QUEM cremos! O que vemos nos assusta, nos amedronta e por vezes nos paralisa. Mas quando vivemos em QUEM nós cremos, a jornada se torna mais sólida, mais focada por sabermos quem seguimos e muito mais, QUEM nos conduz. Só que isso chama-se maturidade espiritual, que é fruto de exercícios espirituais. É um processo de conhecimento e vivência e leva tempo. Por isso neste dia convido a você para que juntos ousemos, com toda a nossa confiança, a olharmos acima dos problemas, das dúvidas, das incertezas, das más notícias; que os nossos olhos e o nosso coração sejam completamente rendidos a Deus, por conhecermos quem ELE é, a história Dele em nossa história e a vivermos depositando cada mínimo assunto nas Mãos Poderosas e Curadoras Dele. Que a nossa jornada neste dia, amanhã, depois de amanhã e assim por diante seja pela FÉ neste Deus que nos amou, que entregou Seu Único Filho Jesus e que prometeu estar conosco SEMPRE e SEMPRE.

PROPÓSITO:

Estabelecer uma agenda diária onde o item 1 seja momentos com Deus.

SALMOS 78

UM OLHAR CORRETO

O nosso texto de hoje é o Salmos 78. Leia por favor e atente-se a ele. O salmista traz para nós um lamento: uma série de situações em sua vida que estavam abertas e sem uma definição. Isso gerava 3 ações: angústia, questionamentos e desânimo. Angústia, pois ele contabilizava muitas situações que o abalavam e crescia cada vez mais; questionamentos, pois sentia-se sozinho e perguntando-se, clamando por Deus e por fim desânimo pois sentia-se no fundo do poço, totalmente impotente! Você está assim? Com você ou alguém de sua família? Que sensação terrível, avassaladora e que vai corroendo o interior e trazendo tantos sentimentos tóxicos. Mas o salmista nos ensina em sua experiência, que a única e eficaz saída, foi buscar a Deus, ser perseverante e persistente, trazendo à lembrança as Obras Dele em sua vida. Quanto Deus tem cuidado de uma maneira tão especial, particular e determinante. Essas verdades mudaram o foco do salmista tornando-o daquela condição de abatimento, para o exercício da vida em fé com Deus. E isso simplesmente dando um passo atrás para que Deus assuma o maior espaço em sua vida, decisões e escolhas. Creio de todo o meu coração que nós seguidores de JESUS temos tido o privilégio e convite de andar pela FÉ em Jesus; mas como é difícil entender e decidir. Somos imediatistas, racionais, desejamos ser controladores; só que tudo isso nos frustra! Por isso eu desejo neste dia viver pela fé, dependendo completamente de Deus, de esperar Nele, sabedor de que Dele vem tudo o que preciso. Convido você a que também caminhe nesta jornada, sem saber o que vai encontrar e nem como fará; mas sabedor de quem é que comanda os nossos passos: Deus. Que Ele e Nele encontremos paz e forças para a jornada de hoje.

PROPÓSITO:

Orar a Deus pedindo discernimento e lucidez diante do cenário.

SALMOS 79

APRENDENDO COM A HISTÓRIA

O nosso texto de hoje é o Salmos 79. Nele vemos a narrativa da história do Antigo Testamento, desde quando o povo estava no Egito, sua libertação, os 40 anos no deserto, a entrada na Terra Prometida, o cotidiano e toda a trajetória da história deste Povo que tinha como Rei o Deus todo Poderoso. O que me salta os olhos e quero destacar são algumas verdades que se aplicam muito a nós em nossos dias: **1**. DEUS DO PACTO: Ele fez uma aliança por livre e espontânea vontade com o Seu Povo e cumpre cabalmente. Ele é Fiel a Si mesmo, Ele não muda, apesar de conhecer plenamente quem é o público alvo de Seu Amor. Que presente imensurável saber que apesar de quem somos, Deus mantém o Seu projeto original de preservar-nos; **2**. A DISPOSIÇÃO HUMANA DE QUERER VIVER UMA VIDA AUTÔNOMA: na natureza adâmica, há esse vírus de não querer se submeter ao Seu Criador e Sustentador. Em consequência, o homem vai vivendo conforme sua imagem e semelhança, e sempre expressando assim sua disposição de viver uma vida paralela à Deus; **3**. A BONDADE E MISERICÓRDIA DE DEUS: Ele não desiste de Seu Povo e age de várias maneiras para demonstrar a este povo obstinado, que não vale a pena viver fora daquilo que Ele propõe, pois, a Sua vontade é BOA, AGRADÁVEL E PERFEITA. Nisto, expressa a Sua lealdade, Sua provisão, Obras de Sua criação, Sua Providência; mas também Sua disciplina para correção de rota. Tudo isto sempre com muito amor e Graça. Diante de tudo isso, a minha oração e o meu convite a você é que reconheçamos quem é Deus em nossa vida e história; tenhamos uma atitude diferente deste povo do passado. Nós podemos ler e aprender o caminho correto. Vale muito a pena abrir mão de nossa vontade, para nos submeter a Dele. Por isso, vamos com muita humildade OUVI-LO, APRENDER COM ELE E SEGUIR À SUA DIREÇÃO.

PROPÓSITO:

Caminhar com Aquele que nunca desistiu e nem desistirá de nós: Deus.

SALMOS 80

AH DEUS, QUANTO AMOR!

Hoje o nosso texto é o Salmos 80. Leia por favor o texto Bíblico. Como já escrevi várias vezes, o Salmos é a expressão exata do que o autor e/ou povo estavam passando ou uma descrição do que passaram. Há um abrir de coração, um esvaziar-se e o mais interessante, é que todos estes textos eram musicados e cantados. Neste, de modo específico, o salmista nos aponta a desolação que tinham passado pela invasão e destruição de nações inimigas. Foi uma afronta, uma vergonha, uma total impotência diante do poderio. E a pergunta era: Onde estava Deus que permitiu tudo isso? Deus não se importa? Ele não prometeu estar sempre presente? A resposta é: Deus está sempre Presente e independentemente dos inimigos e as circunstâncias, Ele estabelece o limite; permite certas situações para que O busquemos mais. Nenhum de nós está isento de enfrentar adversidades, oposições, lutas interiores e exteriores, medos; mas é nessa hora que devemos nos lembrar que essas situações não significam ausência de Deus, mas oportunidade de BUSCÁ-LO, de nos humilhar na Presença Dele e renovar a nossa dependência e confiança absoluta em Sua intervenção. Em Deus tudo tem limite, menos o Seu amor e Sua misericórdia. A minha oração neste dia é que eu experimente de uma maneira muito íntima e pessoal, a Sua Graça e Misericórdia; que não me abata com as coisas que enfrento, mas que eu levante os olhos e saiba que o socorro vem do Alto, do Deus que criou os céus e a terra. Que nunca me esqueça que sou amado de Deus e que a maior prova deste Amor foi Ele ter enviado Jesus para morrer pelos meus e nossos pecados e ressuscitou! Que hoje ao invés de ficar pensando nos problemas e no que ainda não deu certo, encha a minha mente e o meu coração das verdades de Deus que está vivo!

PROPÓSITO:

Deus está vivo: a história não chegou ao fim!

SALMOS 81

AMADOS DE DEUS

O nosso texto de hoje é o Salmos 81. Leia por favor... Não podemos nunca nos esquecer que a Bíblia é a Palavra de Deus, inspirada por Ele e escrita por pessoas, que expõem os seus sentimentos, suas dores, alegrias e tristezas, vitórias e derrotas. Neste salmos, vejo o autor fazendo um lamento geral de tudo o que estava acontecendo com o Povo de Deus e também da intensidade da calamidade. Mas em meio a tudo isso, quero destacar algumas verdades essenciais para a nossa vida: **1**. DEUS ZELA PELO SEU POVO: observamos que o salmista cita as tribos de Israel e isso tem um significado de identidade com o Povo que Deus escolheu. A aplicação que fazemos em nossos dias não é mais com o estado de Israel, mas com todos aqueles que são seguidores de JESUS; Deus conhece cada um do Seu Povo, sabe o nome e não precisa de carteirinha! Ele tem uma identificação com cada um daqueles que são Seus; **2**. DEUS CUIDA DE CADA UM DOS SEUS: este cuidado não é uma carta de isenção de sofrimento, lutas e problemas; é provisão! Quando enfrentamos as lutas e adversidades como todos, temos em Deus o nosso refúgio, onde podemos e devemos recorrer em qualquer circunstância e tempo. Que privilégio poder buscar e encontrar Deus e ter Nele o nosso Salvador; **3**. AS CIRCUNSTÂNCIAS PASSAM E DEUS CONTINUA SENDO O MESMO: há dias que passamos tranquilos, mas há dias, meses e até anos de grandes tempestades. Mas em meio a tudo isso, Deus está sempre Presente conosco; Ele está em cada um que é Seu e promete não abandonar, e sim: fortalecer, encorajar, amparar, consolar e empurrar para frente. Nós envelhecemos a cada dia, Deus continua vigoroso; nos sentimos cansados e exaustos, Ele renova as nossas forças sem igual. Muito bem, estamos em mais um dia, sem imaginar o que virá pela frente; mas que tenhamos a convicção de que somos conhecidos por Deus, que Ele sabe do que enfrentamos e carecemos e está sempre pronto a caminhar conosco, pois Ele nunca se distancia daqueles que são Seus. Tudo isso por que Ele é Amor e nos ama de maneira incondicional! Prontos soldados de Jesus? O nosso General Jesus Cristo nos convida a marchar!

PROPÓSITO:

Nunca se esquecer que sou conhecido por Deus e que Ele cuida de mim.

SALMOS 82

ESPIRITUALIDADE OU RELIGIOSIDADE?

O nosso texto de hoje é o Salmos 82. Leia por favor o Salmos. Eu espero. Um escritor disse "o grande desafio para saber se temos uma espiritualidade sadia ou não, é como vemos a Deus: se pelo que achamos ou como a Sua Palavra nos apresenta". Creio ser muito verdadeira esta afirmação, pois a nossa tendência, é nos esquecermos de debruçar na Palavra, onde podemos CONHECÊ-LO, como verdadeiramente Ele é e abandonarmos os achismos, das nossas impressões e experiências. O salmista inicia de uma maneira muito alegre o texto exaltando e depois vai recordando as ações maravilhosas e grandiosas de Deus em favor de Seu Povo. O salmista apresenta Deus como Todo Poderoso, Soberano, Pessoal, Provedor, Cuidadoso e Justo. São tantos atributos Dele que precisam ser sempre relembrados por nós, pois em nossa lida, diante das adversidades, temos a tendência de nos abater, achando que Deus não está nem aí conosco, que se ausentou de nós. Nunca! Ele é DEUS, e não muda em nada o Seu Ser! Sempre foi e será o que É. Neste dia que está apenas iniciando, onde já temos uma agenda e certamente fatos novos poderão surgir, que tenhamos o nosso coração e mente fixos em Deus; que relembremos, como a Sua Palavra O apresenta e que tem sido a nossa experiência com Ele e não ao contrário. Que o Deus da Palavra nos guie, sustente e dirija cada um dos nossos passos neste dia.

PROPÓSITO:

A nossa impressão de Deus tem que estar fundamentada Nele e não nas circunstâncias.

SALMOS 83

BUSCANDO O JUSTO JUIZ

Hoje o nosso texto é o Salmos 83. Leia por favor. Espero. Um dos atributos de Deus é a Justiça; Ele é o Justo Juiz e todos os Seus seguidores são convocados a exercerem a Sua justiça e como Jesus nos ensinou no sermão do Monte: "Bem aventurados os que têm fome e sede de justiça". O salmista clama pela justiça de Deus pois ela é reta! Ele não aceita subornos e nem é parcial. O autor sabia e exercia a Justiça de Deus e desafia seus contemporâneos a praticarem. Dois motivos: **1**. A justiça vem de Deus: devemos nos espelhar nos Seus princípios e valores, é a nossa cartilha; **2**. Devemos exercitar a Sua justiça: quando conhecemos Deus e a Sua Justiça, aprendemos com Ele a forma como trata, sempre buscando a correção e não a destruição; a volta ao alvo e não ser justiceiro; a dignidade humana e não a desqualificação. Em todos os tempos e até os nossos dias, muita crueldade e impiedade é feita em "nome de Deus "; mas na verdade, Deus não está nisso. O que semeamos, até injustiça e impiedade, será colhido também. Muitas guerras, conflitos pelo mundo e até os nossos vínculos relacionais, são muitas vezes comprometidos pelo exercício de uma justiça que não é de Deus. A justiça que vem de Deus é sempre para tornar o ser humano melhor, respeitando a dignidade humana. A minha oração neste dia é de dizer para Deus me ensinar a buscar o Seu Reino e a Sua Justiça, para que em meus relacionamentos próximos ou os com quem me deparar, expresse verdadeiramente que sou seguidor do Justo Juiz. Convido você a que faça o mesmo.

PROPÓSITO:

Ser um proclamador da Justiça de Deus e não justiceiro.

SALMOS 84

CONTINUO ESPERANDO EM DEUS

Hoje o nosso Salmos é o 84. Leia por favor. Posso lhe fazer algumas perguntas? Quantos assuntos você tem colocado diante de Deus e ainda está aguardando? Há no seu entendimento uma demora de Deus ou as respostas vêm rapidamente? Você sente que há um silêncio de Deus em alguns assuntos? Como você fica enquanto Deus não lhe responde? Teria outras perguntas ainda; mas creio que estas já bastam para esse dilema entre o que enfrentamos e a ação de Deus por nós! Quantas vezes não ficamos repetindo: até quando Senhor? Pois bem, parece bem claro que este não é um problema só nosso: o salmista estava inquieto diante do silêncio de Deus na grande quantidade de lutas que enfrentava e do seu avanço brutal. Ele relembra Deus até de Seus atos na história e pede encarecidamente que aja em seu favor. Pois é, todos sabemos que Deus é Poderoso e tem todo o controle sobre tudo e sobre todos e é esta certeza que deve nos impulsionar na caminhada. Lutas, adversidades, pressões, desertos, solidão, injustiças e tudo mais, fazem parte do repertório da sociedade humana. Mas que tenhamos muito mais certezas e convicções em quem temos crido; que apresentemos cada um destes assuntos ao que é Poderoso; e que ao invés de reclamar, continuemos a CLAMAR por Seu socorro, ajuda, conforto, consolo, direção e Sua paz em meio aos turbilhões. Eu oro e convido você a que assim procedamos com o nosso coração convicto de que DEUS não é a última Pessoa a ser buscada, mas a UNICA.

PROPÓSITO:

Continuar esperando em Deus, pois quem esperou, nunca se frustrou!

SALMOS 85

O CULTO A DEUS

Hoje o nosso texto é o Salmos 85. Leia e delicie-se com o texto, eu espero! Escrevo assim pois certamente é um dos Salmos mais belos e profundos e peço humildemente, que Deus me ajude a expressar o de melhor neste pequeno espaço. O povo tinha uma única oportunidade durante o ano para ir ao Templo para prestar o seu culto e cumprir os seus votos. Moravam longe, difícil acesso. Era um momento para lá de especial; era muito esperado, contado no calendário. E o salmista mostra bem isso de maneira apaixonada: o privilégio de estar na Casa de Deus, na comunhão com Ele. Houve 2 templos: o primeiro foi planejado por Davi e executado por seu filho Salomão. Em um período de grande tribulação, foi completamente destruído por nações inimigas. O segundo foi pós cativeiro, iniciado por Zorobabel e Neemias e permaneceu até aproximadamente o ano 55 de nossa era, quando foi destruído. Na verdade Deus nunca pediu que fosse construído templo, e isso foi dito para Davi; pois Ele não cabe em templo feito por mãos humanas e não gostaria de que houvesse um local único de adoração e culto, por saber, que isso se tornaria uma idolatria. Já naquela época, Deus falava e relembrava que habita no Seu Povo, no seu interior e que vai a cada instante com Seus seguidores! Agora creio que você entenderá o texto, onde o salmista escreve o seu prazer, sua fome e sede pela Presença de Deus e os benefícios da Sua Companhia em cada instante. A certeza é gigante de poder confiar e que Ele está 100 % conosco, mesmo quando temos que enfrentar o vale de lágrimas (Baca). Deus habita na vida de todos aqueles que confessam a Jesus Cristo como Senhor e Salvador de suas vidas; o nosso corpo, se torna o lugar de Sua habitação e a vida é um culto constante, cada dia, cada momento, em qualquer lugar! A minha oração neste dia é que eu e você, seguidores de Jesus, possamos nos deliciar com a Presença do Espírito de Deus dentro de nós; que sejamos sensíveis à Sua instrução e direção. Que permitamos que Ele nos conduza e ouçamos a Sua doce voz nos falando, encorajando, fortalecendo, exortando e assim nos alegremos e regozijemos, com momentos bem íntimos com a Pessoa mais importante de nossa vida: Deus. Que esse relacionamento seja dia a dia mais apaixonante, envolvente e estimulante também a outros que buscam sentido em suas vidas, que só pode ser encontrado em Jesus Cristo. Que andar com Deus seja um Culto a cada momento e que a Sua Presença nos traga experiências fortíssimas e crescentes, gerando em nós crescimento e maturidade com Ele. Como Deus é amável, como a minha alma suspira por acordar para dizer e ouvir um bom dia Dele e por caminhar a cada instante e em qualquer lugar, até nos vales; mas ELE comigo e eu com Ele. Isso é vida de Culto a Deus.

PROPÓSITO:
Iniciar o dia com muita alegria, pois será mais um Culto a Deus.

SALMOS 86

MISERICÓRDIA

Hoje o nosso texto é o Salmos 86. Leia por favor. Quando discorro este texto, consigo enxergar nas entrelinhas e também como pano de fundo a seguinte declaração encontrada muitas vezes e que deve ser o nosso refrão a cada dia e momento de nossa existência: O SENHOR É BOM E ETERNA A SUA MISERICÓRDIA E DE GERAÇÃO EM GERAÇÃO A SUA FIDELIDADE. Deus teria todos os motivos possíveis e imagináveis para destruir de vez a humanidade; mas não o faz! Nós, há muito, deveríamos ter deixado de viver por causa de nossa humanidade adâmica, pecaminosa e destrutiva; mas Deus a cada manhã renova a Sua misericórdia (amor constante e leal), ação de trazer gente miserável (misero) para o seu coração (cardia) e nos dá mais um dia, oportunidade de reconhecer a Sua Grandeza. Deus deu a maior prova de Seu amor ao enviar o Seu Único Filho, Jesus Cristo, para mostrar a nossa total incapacidade de viver de maneira autônoma e relacionar-se com Ele. Deus tomou e toma todas as iniciativas para expressar o Seu Amor, por que ELE É AMOR, e simplesmente nos AMA literalmente, e ponto final. Nós temos muita dificuldade de entender isso, pois não compreendemos como podemos ser amados sendo quem somos. Isso não cabe a nós compreender e sim aceitar. Outros no fundo se acham dignos deste Amor por sua performance, pois acham que são o suprassumo de sua postura moral. O amor de Deus é para mostrar que não valemos nada, mas que mesmo assim, ELE NOS AMA. Outros não compreendem esse Amor sendo de mão única, de graça, não sendo esperado nada de volta. Isso é Amor; é uma ação eficaz, significativa, incondicional e desinteressada! Portanto ao ler este salmo e como fruto deste Amor que nos constrange, a minha decisão é de total rendição; de um profundo reconhecimento de que só poderia acontecer isso da parte do Único Deus. E por isso, como filho amado de Deus, convido você a que juntos como também filhos amados de Deus, vivamos este amor de maneira responsável, agradecido e confiante de que apesar de nós, Deus é Bom e a Sua Misericórdia dura para sempre e de geração em geração a Sua Fidelidade.

PROPÓSITO:

Viver cada dia rendido completamente a este Amor Único e Verdadeiro de Deus.

SALMOS 87

RELACIONAMENTO EXTRAORDINÁRIO

Hoje o nosso texto é o Salmos 87 Leia por favor. Encontramos o escritor com um coração quebrantado e contrito, carente de Deus e expressando a sua profunda dependência e humanidade. Creio que podemos aprender uma lição bem prática: somos fracos e vulneráveis, carecemos demais da Pessoa de Deus, de Seu cuidado e Seu amor. Nós não temos controle algum sobre a nossa existência e nem sobre os embates; por isso precisamos da ajuda maravilhosa de Deus. Mas algo mais me chama a atenção: ser dependente de Deus não é comodismo e nem ficar paralisado; o salmista nos apresenta dois verbos que ele deseja exercitar como dependente de Deus: o primeiro é **ensina-me a orar:** ele reconhece o privilégio e a oportunidade de poder falar com Deus como algo existencial em sua caminhada. A oração é o meio de estarmos em constante contato com Deus, de poder expressar tudo que está no nosso interior e assim mantermos uma conexão bem afinada com o Senhor de nossa vida. O segundo verbo é **ensina-me a andar nos teus caminhos:** creio que este é o complemento da oração, pois a medida que mantemos a intimidade com Deus a cada instante do dia (oração), somos direcionados de maneira natural a dar os passos que Ele quer, a andarmos no caminho que Ele desvenda para nós. Observe bem: dependência de Deus não é ficar deitado em berço esplêndido; ao contrário é estar com os ouvidos prontos para ouvir uma única voz e confiado em seguir em frente. A minha decisão neste dia e que te convido é de rendição; de simplesmente reconhecer a nossa total incompetência de encarar o dia e a vida com as nossas próprias vontades. É melhor reconhecer que precisamos muito de Deus, de aprofundar a nossa amizade com Ele e estar atento à Sua voz de comando. O resultado? Seremos pessoas que terão muito o que falar sobre Ele, porque é Bom e a Sua misericórdia dura para sempre.

PROPÓSITO:

Ter em Deus a motivação certa para viver cada dia.

SALMOS 88

EXPERIMENTANDO O PERTENCIMENTO

Hoje o nosso texto é o Salmos 88. Leia por favor, espero. O que você achou? Qual o seu entendimento? Complexo né? Pois bem, o salmista nos chama a atenção para duas características marcantes de Deus e que muitos não desfrutam: o domínio Soberano de Deus sobre toda a terra, pessoas e a história e a segunda, a Sua forma acolhedora. Deus tem o domínio sobre tudo; Ele age quando, como e onde quer. As tragédias e catástrofes não querem em hipótese nenhuma dizer ausência ou indiferença Dele; ao contrário, Ele se entristece de ver até onde a impiedade e a iniquidade humana vão. Mas tudo tem limite e Ele está no trono; mas também no dia a dia da história humana. Creia: Ele estabelece o limite! Mas o texto trata de Sua forma acolhedora, independentemente da raça e nação, Ele acolhe, cuida e expressa o Seu Eterno e Imenso Amor. Esta mesma verdade é para nós hoje em nossos dias: cremos que Deus continua na direção dos nossos dias, mesmo que não entendamos; Ele continua presente e agindo, mesmo que não vejamos ou ouçamos. Ele age, não dormita e nem se cansa. E podemos nos sentir acolhidos e devemos acolher aqueles que carecem tanto do amor de Deus, por causa de questões sociais, étnicas, pessoais. Deus acolhe e nós como Seus seguidores, devemos agir assim até aquele dia quando todos nos reuniremos no mesmo lugar, Jerusalém celestial e a Grandeza e Soberania de Deus será definitivamente manifesta e cabal e Ele mesmo dirá "sejam bem vindos, amados de meu Pai". A minha oração neste dia é que eu perceba em cada detalhe que a minha vida está nas mãos de Deus, meu presente e meu futuro, cada mínimo assunto; que me sinta acolhido, amado, cuidado por Ele a cada momento e circunstância. Que me sinta amado por Ele. E convido você a que assim possamos viver hoje, amanhã e em cada dia de nossa vida.

PROPÓSITO:

Saber a quem pertenço!

SALMOS 89

SAINDO DO FUNDO DO POÇO

Hoje o nosso texto é o Salmos 89. Leia por favor atentamente. Você já se sentiu como o escritor? Ele estava esgotado: sentindo todas as suas forças indo para o ralo, não existia mais dentro de si energia para continuar a viver. Sentia-se incomodado até pelo silêncio e ausência de Deus. Não existia saída para ele, a não ser a morte. Que cenário terrível e só sabe, quem já passou uma ou mais vezes por momentos difíceis e dolorosos semelhantes a este. Eu mesmo passei por vários, falta de sentido de viver. Sabe queridos, amo o Salmos, pois neles vejo a essência mais profunda da humanidade; a dor que até então ficava arquivada no interior é exposta a Deus! Mais relevante é o que o salmista e quem já passou ou está passando, o efeito deste desabafo da alma, de permitir que a hemorragia saia; é que apesar de tudo, de todo o caos, de todo o desespero e solidão, ele sabia que tinha Deus e podia contar com Ele para o que fosse! Você não leu errado e eu não estou sendo incoerente. O que precisamos compreender é que as inúmeras tempestades, os imensos desertos, o silêncio desalentador de Deus não querem dizer que Ele não está presente e nem atuante. Carecemos demais de crer, não naquilo que vemos, pois isso é o óbvio; precisamos crer no que não vemos, isso é FÉ. Você já deve ter lido esta frase escrita por mim muitas vezes, como fruto de crises profundas do salmista; mas é isso mesmo, muitos momentos difíceis aconteceram no passado na vida do Povo de Deus e se repetem nos nossos dias e a verdade é a mesma - vivemos pela FÉ em Deus. Apesar de não ver, cremos que ELE ESTÁ PRESENTE E AGINDO PARA O NOSSO BEM. Hoje eu gostaria de desafiar você à gratidão ao invés da lamentação. Gratidão é a certeza de que DEUS já realizou o melhor para nós sem vermos e sabermos! Isso é viver pela fé e em toda a Bíblia há este convite da parte de Deus para confiarmos Nele, pois Ele provou o Seu amor por nós enviando Seu Único Filho, Jesus Cristo. Se Ele fez isso, não nos fará muito mais? Por isso a minha oração é de gratidão. Ainda não aconteceu o que espero; mas agradeço, pois sei que DEUS tem o melhor e maior para mim e isso tudo pois sou AMADO Dele. Deus é Amor e Sua benignidade dura para sempre. Vamos agradecer a Deus ao invés de pedir e lamuriar? É um tremendo exercício de FÉ. Policie-se hoje: não vou reclamar, lamentar e nem murmurar; vou agradecer a Deus pois sei que Ele está vivo e agindo nos bastidores da minha história.

PROPÓSITO:

Entrar na aventura da fé em Deus, sem nenhuma reserva.

SALMOS 90

DEUS DA ALIANÇA

Hoje o nosso texto é o Salmos 90, bem longo, mas profundo. O salmista inicia louvando a Deus pelos Seus atributos distribuídos em toda a Sua Criação, nas manifestações relacionais e usando o propósito em ter Davi e a sua descendência como rei do Povo Dele. Há uma expressão que está registrada e que DEUS leva muito a sério que é PACTO. Deus fez uma aliança com Seu Povo e nada e nem ninguém poderá quebra-la. É perpétua, imutável e cheia de amor e misericórdia! Ao longo do texto inúmeras situações são expostas; mas Deus continua sendo Deus, Soberano, Imutável, Fiel e Benigno. Algumas lições podemos extrair deste texto para a nossa edificação: **1**. Deus mantém as Suas promessas: Ele é Imutável; em Sua essência há peculiaridades que absolutamente nada e nem ninguém poderá corromper; **2**. Ele conhece muito bem a Sua Criação: sabe direitinho quem é o homem e não cria expectativas e nem se assombra ou se decepciona; **3**. Pela Sua fidelidade e misericórdia oferece a oportunidade de recomeçar: Deus é Fiel a Si mesmo e estende a Sua Graça e Misericórdia a cada manhã, a cada momento, dando-nos a oportunidade de arrependimento e o Seu perdão. A justiça é o Seu pilar, mas ELE não é justiceiro; nos conhece, nos recebe, nos perdoa e nos justifica; **4**. Deseja caminhar conosco por sermos Seu Povo: em Cristo Jesus, Seu Único Filho, descendente de Davi, temos a adoção de filhos, SEUS herdeiros e SEU POVO. Temos portanto o privilégio de nos relacionar com Ele, de desfrutar de Seu amor e fidelidade. Somos agraciados de sermos chamados por Ele de filhos e de podermos chamá-Lo de Pai Nosso. Portanto neste dia quero exaltar o Nome Grandioso de Deus, declarar em alto e bom som o Seu Poder, Sua Benignidade e Misericórdia, Sua Soberania sobre toda a Criação; e valorizar muito o Seu prazer em se relacionar com pessoas tão frágeis e carentes Dele. Convido você a que olhe para Deus e não resista a tanta demonstração de Amor e que teve o seu ápice na Pessoa de JESUS CRISTO. Ele é a nossa Paz, nos trouxe novamente ao relacionamento com o Pai, o que seria impossível por nós mesmos. Que desfrutemos intensamente deste convite constante e incansável de Deus para conosco.

PROPÓSITO:

Experimentar o amor à primeira vista, que é Eterno.

SALMOS 91

O PRIVILÉGIO DA VIDA QUE DEUS NOS CONCEDE

Hoje o nosso texto é o Salmos 91. Leia e delicie-se. Gosto muito deste texto: se eu pudesse transformar em uma frase diria: a lucidez do salmista diante da grandeza de Deus. Eu digo isso, pois o escritor se coloca no seu devido lugar e declara também o lugar de Deus na sua vida e na história. Ele reconhece quem é Deus em toda a vida humana, Seu cuidado pessoal e geral, Seu controle sobre a Criação e Sua Grandeza. Tudo e todos se curvam diante Dele, e isso de uma maneira muito submissa e passiva por causa das inúmeras provas de Seu Amor tão único e especial. Diante disso o salmista nos convida a: **1**. Perceber Deus: as circunstâncias da vida roubam de nós o foco naquilo que deveria ser o nosso objetivo maior, que é ver a Grandeza e os atos Poderosos no funcionamento da vida humana. Ele disse: parem e vejam o que Eu estou fazendo!; **2**. Valorizar a vida que DEUS dá: a vida é muito curta, os anos passam muito rápido (70, 80) anos; mas se não soubermos valorizar, serão dias de esgotamento, enfadonhos e fúteis. Por isso, vamos aprender a viver cada dia de maneira sábia, sabendo que DEUS cuida de cada detalhe de nossa existência. Viver cada dia, é o antídoto para uma vida sem sentido, imersa na ansiedade; **3**. Certeza da bênção de Deus em nossa jornada: visto que DEUS É QUEM É, devemos ter a certeza plena de Sua bondade, misericórdia e companhia em cada momento de nossa caminhada. Tendo isso, o que mais precisamos? Poderia listar tantas outras verdades para o nosso coração, mas creio que estas já nos dão o verdadeiro sentido na nossa existência. Por isso neste dia convido você a que não desperdice o seu melhor com coisas, pensamentos e sentimentos que roubam a essência de Deus em nosso interior e o foco no propósito, que Ele tem para cada um de nós. Valorizemos Deus, Sua Pessoa e vivamos apaixonadamente com Ele, para que a nossa vida seja a história Dele em nós.

PROPÓSITO:

Vivendo dia a dia o melhor de nossa existência.

ÍNDICE:

Printed by Books on Demand GmbH, Norderstedt / Germany